歴史を「本当に」動かした戦国武将

松平定知

Matsudaira Sadatomo

小学館
101
新書

まえがき

『その時歴史が動いた』の放送が終わりました。

第一回放送が二〇〇〇年の三月二九日でしたから、丸九年。この番組は皆様方のお力《ちから》で長寿番組に育てていただきました。それも、ただ長いということだけでなく、知的な好奇心を刺激する番組としての評価もいただきました。皆様のそうしたご高評を実際に耳にするようになってから、あれはいつごろだったでしょうか、私は目の前の、毎週の『その時歴史が動いた』に全力投球をしながらも、同時に、この番組の「幕引きの時期」を考えるようになりました。終わりの時期を間違えないようにしなくてはいけない——番組第一作から、その全てに関わってきた者として、我が分身のようなこの番組を「野垂れ死に」だけはさせたくなかったのです。その意味で、こうして今、多くの皆様の惜しむ声の中で幕を引くことができたことを、この上ない贅沢な幸せと考えています。

有難うございました。心から御礼申し上げます。

さて、そのタイミングで、このたび小学館から、本書が出版される運びとなりました。

歴史を「本当に」動かした戦国武将がそのテーマです。普通に考えると「歴史を動かした人」といえば、誰もが信長、秀吉、家康というリーダーを思い浮かべられるでしょう。

確かにそうしたカリスマリーダーは、歴史を作り、動かしてきましたが、戦略を練り有効に組織を動かすには、トップ一人だけでは機能しません。番組をやりながらずっと感じていたのは、歴史を動かすほどのリーダーの陰にあって必ず知恵を出して企画し、効率よく運用していく「ナンバー2」たる参謀の存在でした。彼らがいたからこそ、リーダーは孤立し偏狭な考えに囚われることなく、最良の選択をすることができたのです。それが、勝者と敗者の分かれ目につながった事例が山ほどあります。

これは現代社会やビジネスの世界にも通じるのではないかと考えました。リーダーを支え、組織を効率よく動かす「ナンバー2」がいる企業は、不況下でも新たなるアイデアと戦略を駆使して生き残っています。「最強のナンバー2」がいるかどうかが、組織そのものの強さにつながってきます。

歴史は往々にして勝者側から、しかもリーダーに焦点を当てて描かれがちですが、こここでは、実際に起こった事件やエピソードから「ナンバー2」の働きをクローズアップして、「本当」は「彼ら」が動かしてきた歴史を見ていきたいと思います。

自分は決して表に出ず、ひたすらリーダーを支える——それが組織を、そして結果として自分をも成功に導く、この「ナンバー2」の生き方をたどってみたいと思います。

番組を通して私は多くの人々の「生き方・死に方」を見てきました。それはまさに人間ドラマそのものです。勝者も敗者も名のある人もない人も、みなそれぞれに、それぞれの人生のフレームの中で主人公です。その中でそれぞれがどう生きたのか、どう死んでいったのか。そうした彼らの人生を「そう決定づけた」のは何だったのか。

これは、本当の意味で歴史を動かし、戦国時代の主君を支えた「ナンバー2」たちの生き方の物語です。少しの時間、お付き合いいただければ幸いです。

歴史を「本当に」動かした戦国武将◉目次

序章

歴史の陰には必ず「ナンバー2」がいた

戦国武将の人気ランキングはその時の政治経済の状況とシンクロする傾向があります。『その時歴史が動いた』という番組がスタートしたのが二〇〇〇年で、当時は平成不況の真っ只中。デフレスパイラルの閉塞状況にありました。番組を始めて一年ほど経った頃、「日本の歴史を動かした一五人」というアンケートを実施しました。〇×式ではなく名前を明記して、その理由も書いて頂くという面倒な形式にもかかわらず、二か月半で葉書やメールなどで五〇〇〇通を超える回答が寄せられました。この番組は「今後、化《ば》けるぞ」と確信した「その時」でもありました。

アンケートの結果、圧倒的に一位だったのが織田信長でした。二位が坂本竜馬、三位が徳川家康、四位は豊臣秀吉でした。竜馬は別として、予想通りの三人の名前が上位にあがりました。

この結果を見て、私は時代を反映していると改めて実感しました。

出口の見えないデフレスパイラルの状況下にあった日本は、閉塞感と不安感が世の中に充満していました。こういう混乱期には、圧倒的なカリスマリーダーが求められます。つまり信長人気は時代を反映したものなのです。家康は安定期に好まれ、秀吉は発展期に好まれるとも言われます。今太閤といわれた田中角栄さんが列島改造でいけいけでやっている頃は、おそらく秀吉がトップになったでしょうし、安定した総中流時代は、家康が好まれたに違いありません。山岡荘八さんが『徳川家康』をお書きになり、大ベストセラーになったのが、まさにそういう時代でした。

このように戦国武将は世の中をはかるバロメーターとして使われるほどに、一般に定着しています。ビジネスの世界で命を取られることはないのですが、常に競争社会で戦っているという自覚やイメージを多くの人が持っているという証明かもしれません。

しかし、確かに信長、秀吉、家康は歴史を動かした人気のリーダーですが、彼ら一人で歴史を作っていったわけではありません。リーダーを頂く組織を形成し、アイデアと実行力で支えた参謀がいたからこそ彼らは思う存分に活躍できたのです。

参謀、とりわけ優秀で忠誠を尽くす「ナンバー２」がいるかどうかが、リーダーが歴史の表舞台で活躍できるかどうかのカギを握っていたように思えます。

番組で「戦国最強のナンバー２」というタイトルで、黒田官兵衛を取り上げたことがあります。放送が始まってすぐ、まだ内容に入る前のタイトルが流れたところで、多くの方からお叱りのお電話をいただきました。「最強」だったら「ナンバー1」だろう!!最強のナンバー2とは何事か、という趣旨でした。確かにおっしゃる通りなのですが、この場合ナンバー1を助ける「ナンバー2」の中の最も優れた人を目指す生き方をした武将という意味だ、と丁寧に説明をしてご理解いただきました。

官兵衛は秀吉の軍師として戦闘における勝利をもたらし、智略をもって味方の損害を最小限に抑え、秀吉を天下人に押し上げました。頭がよく気が回るトップの心を読みながら、うまく距離を保ち天下を取らせたのです。彼の相手の心を読むという才能はまさに天下に並ぶものがないほどで、だから秀吉の「ナンバー2」でありえたのです。しかも、秀吉が死去したあとは、官兵衛は自らも天下人を目指して動くのです。「ナンバー2」に徹した生き方だけでなく、少ないチャンスを生かして、自らも、「ナンバー1」を目指したという官兵衛。私は官兵衛の「この生き方」が好きです。

同じく秀吉に仕えた石田三成はその構想力と実行力では群を抜き、秀吉の行政の基礎を作りました。直江兼続《かねつぐ》は忠誠をつくした主君・上杉景勝《かげかつ》に対して耳が痛いことも直言し、難関を切り抜けました。家康に仕えた本多忠勝は、その圧倒的な戦場でのパワーと破壊力で勝利し領土を拡大させていきました。片倉小十郎は、伊達政宗の危機をアイデアあふれるプレゼンテーションで乗り切り、藤堂高虎は主君の将来性がないとみるや、別の主君に仕えるという転職で最終的な安定を得ました。細川幽斎は『古今和歌集』の秘説伝授という一芸で家を守っています。

それぞれ圧倒的なリーダーに仕えた「ナンバー２」であり、その能力や知恵、智略は見るべきものがあります。彼らが後ろで支えたからこそ、リーダーはリーダーたりうることができ、歴史が動いていったのです。

ところで、圧倒的人気の信長の「ナンバー２」は、この本にはでてきません。信長は能力も出身も違う五人の側近のバランスを取りながら戦陣を運営していました。柴田勝家、丹羽長秀、滝川一益《かずます》、明智光秀、羽柴秀吉の五人です。それぞれに担当を持たせることにより、誰か一人が突出して勢力を持ちすぎたりしないようにした絶妙のバランス人事でした。では、なぜ、最後に破綻してしまったのか。何が問題だったのでしょうか。

身も心も捨てて本当に信長に忠誠をつくす丁度いい年格好の「ナンバー２」がいなかったから、と、私は考えます。

さあ、ではその「ナンバー2」とはどういう人たちか。彼らは何を考え、どう主君に尽くしたのか。

これから、歴史を「本当に」動かす原動力となったその「ナンバー2」たちの人生をたどってみることに致します。

第一章

M&A時代を生き抜く知恵　黒田官兵衛に学ぶ「読心力」

二大勢力拮抗の中で生きる知恵

戦国時代はその名前から、常に戦乱を繰り広げていた印象を与えますが、実際はそうではありません。

一国一城の主は領土拡大を求めて隣国や周辺国と戦乱を起こすことはありましたが、大半は戦いによる人員の減少や領地の荒廃を最小限にするために、話し合いや和睦により自国の安寧を図ることも多かったのです。とくに支配力や権力欲がそれほどでもなく領土拡大に積極的ではない領主にとってはなおさらです。

ところが、支配力旺盛な武将が近くにいたら何が起きるかわかりません、やられる前に打って出るか、あるいは服従を誓うかという瀬戸際に立たされた場合はその判断は難しいものがあります。相手を信じていいのか、疑心暗鬼がトップの心を支配する――それは現代において大企業が中小企業を傘下に収めて一大グループを形成するのに似ています。しかも、戦国時代のそれは、命をかけた吸収合併や友好的あるいは敵対的M&Aなのです。

二大勢力が台頭しつつあり、どちらの陣営に入るか迫られるとき、選択次第で自国の運命は大きく変わります。今後発展が見込める側について、自国の独立性を保ちながら生き抜くにはどうしたらよいか。どちらに付くべきかについては、最終的にはトップが決断しなければなりません。その時、そばに幅広い情報収集力を持ち、的確に分析しつつ相手から有利な条件を引き出して交渉できる「ナンバー2」がいたら、どんなにか救われることでしょう。組織にとっても、将来の有り様が変わってきます。食うか食われるかの戦いでどちらの陣営に入るかの決定にあたっては、優れた「ナンバー2」の存在は大きいのです。その組織の命運をにぎるといっても過言ではないかもしれません。

＊

一五七五年（天正三年）頃、播磨の小国の領主であった小寺《こでら》氏は、尾張・美濃の織田信長と中国の毛利輝元という二大勢力の間に挟まれ、どちらにつくか選択を迫られていました。

播州御着《ごちゃく》城では城主の小寺政職《まさもと》が家臣を集めて連日軍議を開きます。折しも、天下統一を目指す織田信長が播磨国に兵を進め、中国地方を支配する毛利輝元と決戦すべく機会を狙っているという時期でした。

地の利による付き合いの長さや、影響からいっても毛利方につくという意見が大勢を占めています。その時です。家老で姫路城の城代である黒田官兵衛は異を唱えました。器の大きさや、前例にとらわれない斬新な政策を次々と積極的に取り入れる先見性などから信長の将来性を見抜いた官兵衛は、天下統一を果たすのは信長であるとの確信をもち、信長方につくことを進言したのです。

黒田は小寺家にとっては新参者でした。

司馬遼太郎氏が『播磨灘物語』（講談社文庫）で書かれているのをみると、先祖は近江出身で官兵衛の曾祖父の代に備前国邑久郡福岡庄に移り、その子の重隆が播磨国飾東郡姫路庄に移住しています。黒田の家は先祖代々、「メグスリノキ」というカエデ科の木の樹皮から作る目薬の製造技術を受け継いでいました。

そこで官兵衛の祖父にあたる重隆は、氏神様のお札をつけて目薬を販売したところ、大当たりしました。目薬販売とともに、近郷近在の農民や地侍などに低利で融資する金融業を行ない次第に富豪になっていきました。これが黒田家の目薬伝説として伝わっています。のちの九州制覇の折、官兵衛（如水）は島津から「目薬屋」と揶揄された、という話もありますが、それはともかく、その「目薬」で得た財力で播磨国御着城主の小寺政職に軍事支援を行ない、その功により一五四三年（天文一二年）に家臣として召抱えられ、その二年後に重隆の嫡男職隆《もとたか》が家老に登用されています。その際主君より小寺姓を貰います。

一五四六年（天文一五年）一一月二九日、職隆の長男である小寺孝高《よしたか》、のちの官兵衛が生まれています。そして一五六九年（永禄一二年）、官兵衛は小寺家の家老職に任命されます。

戦国時代もいよいよ天下統一にむけた動きが加速し、天下人として名乗りを上げるのは誰か、官兵衛は時折諸国を歩いて情報を集めていました。そして信長であろうと判断したからこそ、政職に信長の傘下に入ることを説得します。それは毛利の支配下になった方がいいという意見が優勢な小寺家の中で、かなり勇気のいることでした。

天下を視野に入れた主君との出会い

小寺政職は官兵衛の働きに対して信頼を置いていたことから、信長方につくことを承認します。その意を受けて、官兵衛は単身、岐阜の信長に会いに行きました。来訪の意を伝えたあとで、信長に対して毛利の攻略法を理路整然と述べます。じっと聞いていた信長は、「汝が説くところ、悉《ことごと》く我が見るところと符合せり」といったと『黒田家譜』に記されています。

官兵衛は信長に認められ、名刀「圧切《へしきり》」を拝領しました。のちに官兵衛は信長への忠誠心を示すため、一人息子の松寿丸（後の黒田長政）を人質に差し出します。城主小寺の嫡男は病弱だという理由で、息子を身代わりにしたのです。人質となった松寿丸は信長の臣、秀吉に預けられ、妻の於ねに大切に育てられることになります。

小寺が織田方につくと知った毛利輝元は、軍勢を交渉役だった官兵衛の居城、姫路城に差し向けます。迎え撃つ官兵衛の軍五〇〇に対して、その数五〇〇〇。勝ち目のある戦いではありません。官兵衛は一計を案じ、領内の農民を集め、陣太鼓を持たせ、兵士の後ろの森や山に潜ませます。

毛利軍が近づくのを狙って、奇襲に出ました。

狼煙《のろし》を合図に潜んでいた農民が草原や林に旗を立て、陣太鼓を打ち鳴らし口々に喚声を上げます。予想をしていなかった大軍の攻撃に、毛利軍は織田軍の援軍がやってきたと思いこんでパニックに陥り、軍勢は脆くも崩れ敗走しました。わずか一〇分の一の兵力で、毛利軍を撃退したのです。

このときの信長方の担当は秀吉でした。中国方面軍司令官の秀吉にとって、播磨に詳しい官兵衛の存在は頼りになるものでした。天下統一の夢を信長にかけた官兵衛にとっては、その家臣である秀吉に仕えることは夢の実現に近づくことでもあったのです。官兵衛は東播磨の豪族に対しては、信長方につくよう説得し成功しています。できるだけ戦いをせずに味方につける方法をとったのです。

ところが、西播磨の豪族たちの多くは毛利側につき、あくまでも抵抗する姿勢を見せます。説得ももはやこれまでと、戦闘が始まりました。

このとき官兵衛は、孫子の兵法にある「囲師《いし》必闕《ひっけつ》」という作戦を用いたといわれています。夜を待って敵方の城の三方から奇襲をかける。あらかじめ一方だけをわざと開けておき、そこを目指して逃げ出す敵を攻撃する、というもので、味方の犠牲をなるべく少なく抑えつつ、敵を落とす戦術です。この戦術はこの時は見事に成功します。

そして翌年、毛利との戦を進めるため、秀吉はその播磨を通って西に進軍しようとしますが、豪族たちの裏切りに怒った毛利輝元が播磨へ大軍を差し向けたため、織田方に加担すると誓った大半の豪族が、再び毛利側に寝返ってしまいました。秀吉は苦境に立ちます。

官兵衛は播磨平定が予定通りに進まないだけでなく、秀吉の面目をつぶしたことに責任を感じます。

さらに状況は悪化します。

摂津有岡城（大阪府伊丹市）の城主荒木村重が信長に反旗を翻し、籠城してしまったのです。悪いことには、官兵衛の主君である小寺政職までもがその動きに同調してしまいました。友好的提携を進める途中で社長が勝手にライバル企業と手を結んでしまったようなもので、交渉の窓口担当役員としては立場がありません。官兵衛は政職に翻意を促しますが、聞き入れてもらえません。

それでも官兵衛は、村重説得に向かいますが、味方してもらえるはずの小寺側の裏切りで捕らえられ、土牢に幽閉されるという最悪の結果になりました。

説得に向かうと言って出かけたきり何の音沙汰もない官兵衛に、信長は次第に不信感を持ちます。時が経つにつれ、寝返ったという疑心が確信に変わり、人質にとっている官兵衛の息子松寿丸の殺害を秀吉に命じました。秀吉は、もう一人の軍師竹中半兵衛とともに官兵衛の救出に腐心します。

そして一年が過ぎました。

秀吉はようやく、有岡城に囚われの身だった官兵衛を救い出すことに成功します。じめじめした土牢で過ごすうちに、官兵衛は衰弱し足はすっかり萎えていました。変わり果てた姿を見た秀吉はこう語ったといわれます。

「命を捨てて城に乗り込むこと、忠義の至り。我この恩にいかに報いるべきか」

この気持ちの表われとして秀吉は籐で編んだ特別の陣輿を与えました。こうして戦場での官兵衛は陣輿に乗って指揮を執るようになるのです。

官兵衛もまた秀吉が信長の命に背いて息子松寿丸の命を救ってくれたことを知り、感激して秀吉に一層の忠義を誓います。官兵衛は播磨国内に知行一万石を与えられ、正式に秀吉の家臣として働きはじめることになったのです。一五八〇年（天正八年）九月のことでした。同じ年、姓を黒田に戻しています。

秀吉を支える二人の「ナンバー2」

秀吉には二人の軍師がいます。つい先程、少しだけ触れましたが、竹中半兵衛重治と黒田官兵衛孝高。タイプは違いますがともに優秀な軍師でした。

官兵衛より二歳年上の半兵衛は美濃国漆原の領主竹中家の嫡男として生まれています。半兵衛には数々の伝説的軍功が残っています。一番有名なのが、十数人の家臣だけで、悪政を行なう斎藤義竜《よしたつ》の稲葉山城を乗っ取ったというものです。その折、かねてより稲葉山城を狙っていた信長は、美濃の半分を半兵衛に与える条件で稲葉山城の明け渡しを申し入れたが半兵衛は承知しなかったといわれます。そればかりか、半年足らずで義竜の息子の竜興《たつおき》に城を返上しています。本家へ返すことで私欲による行動ではないことを表わしたのでしょう。

その後、半兵衛は近江の小谷《おだに》城主浅井《あざい》久政（長政の父）に仕えていましたが、なぜか禄を返上して故郷に戻り隠棲します。ならば、と信長は再三、半兵衛を迎えようと使者を送ったのですが、これもなぜか固辞されました。しかし、秀吉は諦めませんでした。断られてもめげることなく懇願したことで、ついに秀吉に仕えることになりました。

官兵衛が半兵衛と直接出会ったのは、秀吉が播磨平定のため姫路城に逗留している頃でした。この二人の智略と働きにより、秀吉のその地位が向上したといっても過言ではありません。二人には共通点が数多くありましたが、印象はかなり違います。軍師として味方の犠牲を少なく抑えて相手を叩く軍略の才はともにすばらしく、また書を読み連歌を楽しむといった面も似ています。

官兵衛が摂津有岡城幽閉から救出されたのは一五七九年（天正七年）一一月ですが、その五か月ほど前、同じ年の六月一三日に半兵衛は三木城攻めの陣中で病没してしまいます。半兵衛の秀吉への進言により命を助けられた松寿丸はその恩を生涯忘れなかったといいます。

人の気持ちの変化を読む

天下統一に邁進する織田信長には、五人の側近（師団長）がいました。柴田勝家、丹羽長秀、滝川一益《かずます》、明智光秀、羽柴秀吉の五人です。

柴田勝家、丹羽長秀、滝川一益の三人は長年信長に仕えているプロパーの武将でしたが、明智光秀、羽柴秀吉はいわば中途入社組です。同じ中途入社とはいっても、光秀は優秀な官僚。片や秀吉は、農家の出身。しかし、この境遇の違う二人は信長の下での懸命な忠勤ぶりがともに評価されて出世の階段を駆け昇っていきました。信長は例えば、「兵農分離」といった構造改革や、徹底した規制緩和で誰でも自由に商売が出来るようにする「楽市楽座」方式をとることで市中を潤す試みをするなど、「前例」にとらわれない大胆な改革派でした。これは人材登用の面でも実行されました。人を身分や出身で差別することなく、働きに応じ応分に取り立てるという平等の精神をもって家臣たちを評価したのです。あの戦国の世の中で、農家出身の中途入社の秀吉の出世話は、信長のこうした考えのおかげでした。

信長は五人の師団長に対して、それぞれ担当する地域を持たせています。柴田勝家には越後の上杉を、丹羽長秀には四国の長宗我部を、滝川一益には関東の北条を、そして秀吉には中国の毛利を担当させています。それぞれの担当地域を持たせることで成果を競わせることができ、また共闘を防ぐ意味もあったのでしょう。しかし、光秀には〝担当〟がありませんでした。

信長は光秀を遊軍として京都に置いたのです。しかし、他の四人がレギュラーポジションを任されているときに、自分だけが「代打」の立場に置かれたということは、光秀のプライドをいたく傷つけたことと想像できます。一五八二年（天正一〇年）秀吉は備中（岡山県）に進軍、毛利の守りの要である清水宗治の高松城を攻めることになりました。簡単に落城すると思ったのですが、堅固な高松城は、宗治の統制もきちんととれていて、例えば「水攻め」のような作戦にも落ちることはありませんでした。

清水宗治の余りの粘り強さにこのとき、秀吉は信長に援軍を要請しています。想像するに援軍がなくても、そこは、秀吉ですから早晩落城させていたのではないでしょうか。私はここに、官兵衛の知恵が働いたと思うのです。

他の師団長はさしたる成果をあげないままにきているが、かりに高松城を落とし一気に毛利に迫ったりしようものなら、他の師団長と差がついてしまいます。五人が横並びだから信長は安心していますが、誰かが頭一つリードしたらおそらく信長はその人を叩きに来るでしょう。

カリスマであるトップの心中はめまぐるしく変化します。寄ってくるものはかわいいのですが、寄りすぎると疎ましい。力があるのは頼りになりますが、ありすぎるとのちのち厄介になる。均衡を破る危険な存在と思うやバッサリ切りにくるかもしれません。このあたりの機微を読めるのが、官兵衛の真骨頂。人たらしで知られる秀吉もまた、相手の気持ちを読むのに長《た》けていた人物なので、官兵衛の直言に素直に従ったのではないかと思います。

「この戦は時間をかければ勝ちましょう。しかし、勝った時には『信長さまのご配慮のお陰』というかたちをとった方が、あとのことを考えるとよいのでは」と官兵衛は思ったのではありますまいか。「それに、遊軍には光秀がいるし、他の師団長は、みな地方にいるし、信長は軍勢を引き連れずに、ごく少数の供の者と京都の寺で文化行事をしているし、ひょっとして……」と思ったかどうかまでは、わかりませんが……。

一世一代の大勝負

援軍を要請しつつ高松に留まっていたとき、思いもかけない知らせが届きました。本能寺の変、信長死すの報です。

その事実が高松の秀吉の陣中にもたらされたのは、事件翌日の一五八二年（天正一〇年）六月三日のことでした。

秀吉は涙を流し、大声で泣いたといわれます。

ここまで自分を引き上げてくれたのは信長様のおかげであり、一国一城の主として仕事ができているのも信長様あればこそ。

長時間泣き続ける秀吉のそばに官兵衛は黙って付き添っていました。そして、泣き疲れてふっと我に返った秀吉に近づき、膝に手を置いて官兵衛が耳元でささやきます。

「主君を殺せし乱臣明智光秀を討ち、天下の権柄を取り給うべき」

要するに

「ご運が巡って参りましたな。さぁ、天下をお取りなさいませ」

この混乱の中、運が巡ってきたのですからこれを逃す手はありません。秀吉に光秀を討って天下取りを進言したと『黒田家譜』にあります。

どんな状況でも冷静で、自分の主君のために次の一手として何が最良かを判断する、これこそがナンバー2に求められる能力の一つです。また、心の隙間をふっとつく、まさにそのタイミングを外していません。

今まで信長に忠勤することだけ一所懸命やってきた秀吉も一瞬冷静になり、その気になったに違いありません。

二人が天下取りという共通の目標を持った後、官兵衛はめざましい働きをしています。毛利方に信長の死を知られないうちに、和議を締結する必要があります。そこで官兵衛は知り合いの毛利方の安国寺恵瓊《あんこくじえけい》と面会し講和条件を急いでまとめます。あまりに毛利方に一方的に有利だと、何かを勘ぐられると思った官兵衛は、備中高松城主清水宗治の首と引き換えに家臣の命と備後、石見、出雲の三国を守るという条件で和議を成立させます。これにより、秀吉の勝利を周囲に示すという形をとることができました。

毛利方が信長の死を知る一日前のことだったといわれます。

そして六日の午後には、世に言う「中国大返し」が始まります。秀吉軍が東へ移動したあと、信長の死を知った毛利家の二男の吉川元春は、「約定違反だ、すぐ秀吉を追え」といったそうですが、長男隆元の息子輝元と、三男の小早川隆景はなぜか、それを押しとどめたといいます。そしてその功により、のちに豊臣政権を支える五大老に毛利家から輝元と小早川隆景の二人も就任したという話もありますが、これはここでの本筋ではありません。

秀吉軍は官兵衛をしんがり（軍が退去する際の防戦役）に高松を出発、大軍を二手にわけて大雨の中を急行、翌七日には姫路城に帰着しました。官兵衛の到着は半日遅れでした。

官兵衛がしんがりをつとめたのも、雨中を強行したのも、毛利勢が信長の死を知って秀吉を追いかけてくる場合に備えてのことでした。とにかく、とりあえずは姫路城まで。一行は姫路城で一泊して体力を温存。さらに秀吉はそこで金銀財宝を家来たちに大盤振る舞い。士気も高めます。

その後京都までの約一三〇キロをひたすら行軍。今度は官兵衛は先回りして道々の領民に指示を出し、秀吉の軍勢のために炊き出しや水を準備しておきました。こうして時間の節約に努めます。光秀軍を混乱させるためには、常識を超えるスピードが必要だったからです。

　六月一三日、ついに秀吉は天王山、京都郊外の山崎で光秀軍と激突しました。京都へ着くまでの秀吉は、道々持っている財産の全てを放出し、街道から兵を集めています。最初は一万二〇〇〇だった軍勢が、着いたときには倍以上にまで膨れ上がっていたといいます。秀吉はこの戦いを一世一代の勝負と、思い定めていました。光秀は、「このあと」のことを考えると、この戦いに全てを賭ける態勢でもありませんでした。

　予想外のスピーディな展開に驚きを隠し切れない光秀軍と秀吉軍は、にらみ合いのまま膠着状態が続きます。お互い相手を牽制したまま、動けないのですが、そのうち、秀吉軍に毛利軍と宇喜多軍の軍旗が翻りました。光秀軍はそれをみて、毛利までが援軍を出したかと錯覚し、たちまちのうちに陣形は崩れていったといいます。

　この旗にはいわれがあります。官兵衛が毛利との和議の話し合いの折、光秀との戦いを見越して借り受けたものでした。必ずや使うときがあるに違いないという官兵衛の予測が、的中したのです。

　江戸時代に書かれた『名将言行録』によると、秀吉はこれを喜び家臣の前で褒めたといわれます。

「武勇の道は謀略をもってはじめとする。敵と槍を突き合わせるは、後のことなり。官兵衛のように知慮あるものは、楠木正成をおいてないであろう」

天下統一にむけた二人三脚

光秀を滅ぼしたといっても、天下統一まではまだ道半ば。これからが軍師官兵衛の知恵の見せどころでした。

当面の課題は四国平定です。

当時の四国は長宗我部元親《ちょうそかべもとちか》により掌握されていましたが、秀吉は元親に讃岐・伊予を返すように命じます。しかし元親は、従いません。秀吉は、討伐命令を発します。弟の羽柴秀長を大将、甥の秀次を副将に黒田官兵衛と蜂須賀正勝を戦略参謀として、堺から船で出発し四国に上陸しました。

元親勢の布陣と周りの地形をみた官兵衛は、主力部隊は阿波にありと見抜くや、阿波の岩倉城を攻めます。

『黒田家譜』には、副将の秀次が「この城はどのように攻めたらよいか」と官兵衛に聞いたと書かれています。それに対して官兵衛は、「此城要害よければ、人力を以て攻むべからず。謀をめぐらし、敵の心を屈し、あつかひを以て城を降すべし」と答えたといいます。

そこで、城の櫓《やぐら》を見下ろすような高い塔を作らせて、その一番上に大砲を設置して、城に向かって一斉に砲撃を行なったのです。見上げるような塔から爆音とともに、大砲が向かってきます。加えて、兵士全員で叫び声をあげて威嚇しました。毎日続く威嚇にすっかり敵の兵士の戦意は喪失し、籠城一九日で落城しました。官兵衛の、無益な血を流すことなく味方の犠牲を最小限にするという考え方は、ここでもいかんなく発揮されました。

岩倉城が落ちたことで他の城も次々と陥落し、長宗我部元親はついに観念し和睦を受け入れました。さあ、次はいよいよ九州です。

九州征討は、一五八七年（天正一五年）三月に、秀吉が豊前の小倉城に到着し本格的に始まりました。このときも時宜を得た官兵衛の軍略が功を奏し、秀吉軍は大きな犠牲を出すことなく討伐に成功しますが、秀吉から申し渡された九州平定の恩賞は、小早川隆景には筑前五二万石、佐々成政には肥後五〇万石。しかし九州征討の最大の功労者だった官兵衛には、豊前一二万石。小早川、佐々に比べてわずか四分の一。これは官兵衛の功績からすると余りに少ないものでした。

如水に込められた意味

秀吉の天下取りを支えるナンバー2として官兵衛は数々の功績を挙げてきましたが、秀吉はなぜか石高という目に見える形で遇してはいません。

私は秀吉が官兵衛に対してその余りの能力の高さに脅威を抱き、力を持たせないように石高を制限していたのかもしれないと思うのです。大将の心理の微妙なところです。

官兵衛の冷静さと智略に、恐れを抱いていた証しといえるでしょう。

それに対する官兵衛の言葉が残っています。

「我、人に媚びず、富貴を望まず」

恩賞を手にするために、媚びへつらうのは本意ではないという、ナンバー2として秀吉に対してもはっきり物をいう、官兵衛が選んだ生き方でした。

才気がある官兵衛は、戦闘のときの軍師としては最適の存在です。しかし、本能寺の変を聞いた直後の官兵衛のひとつもムダのない動きをみていると、いつか自分も寝首をかかれるのではないかと思った秀吉の気持ちも、理解できないでもありません。

仕事には優秀な部下がいると助かるが、あまりに突出すると自分のポジションを狙っているのではないかと不安になる。特に自信喪失気味や、逆に自信満々で己が一番と思っているトップにとって、あまりに優秀な部下は怖い存在です。しかも自分よりも一〇歳年下ということは、次を狙うには充分な年齢です。

ある日、秀吉が家臣に対して、「自分が死んだら次に天下を治めるのは誰か」と聞いたという逸話が、黒田家ゆかりの『古郷物語』に記されています。

口々に徳川家康だ、前田利家だという声を制して秀吉は言いました。

「その知力はわしより上で、人使いもうまい。官兵衛ならばとろうと思えば天下がとれるだろう」

この話を人づてに聞き、官兵衛は秀吉の心中を察しました。

（このままでは危ない）

官兵衛はすぐに秀吉に願い出ます。家督を息子の長政にゆずり、自ら如水と名乗り、隠居するというのです。一五八九年（天正一七年）四四歳のときでした。

官兵衛の人の心を読む能力の高さは、ここにあります。

仕事で成果をあげればあげるほど、自分に対する憎しみが強くなる。自分には私心がないのに、いらぬ疑いをもたれるのは今後にとってもよくない。

水の如く何事にもとらわれない生き方をしたいという名前の通り、領国の豊前中津に戻り連歌や釣りを楽しむ隠居の生活を望みます。しかし、それができたのはわずかな時間でした。

相手の心を読む交渉術

一五九〇年（天正一八年）、秀吉は小田原城に進軍を始めます。当時の北条氏は早雲以来五代を経て、古い荘園制度をやめて知行制度による領民経営がうまく機能していました。秀吉にとっては、この北条氏との決戦を果たさなければ、真の天下人にはなれません。

秀吉は二〇万を超える未曾有の大軍で小田原城を包囲しますが、難攻不落を誇る城は易々とは落ちません。包囲は長期化します。兵士が飽きることを警戒した秀吉は、陣中で千利休による大規模な茶会を催したり、宴会、芝居などを行なったりしています。

小田原城内では北条氏政、氏直親子や家臣による話し合いが行なわれていましたが、意見が一致せず対処法が決まらないまま時間ばかりが過ぎていきます。世に言う「小田原評定」です。そんな時、なんと、北条側の武将が部下を引き連れて秀吉に降伏します。

包囲一〇〇日を超えており、ここを好機と見た秀吉は、一気に講和交渉に入ります。講和の特使に秀吉が命じたのは、隠居したはずの如水でした。今まで幾度となく敵に対して交渉を行ない、最小限の犠牲で講和を実現してきた如水。彼もまたなぜか、この要請に応えます。如水は北条に対しても、まずは慎重に根回しをしました。直接交渉に入る前に、如水は例によって搦手《からめて》から出ます。武州岩槻（埼玉県）で人質になっている氏政の次男の氏房の妻子に降伏を勧める手紙を書かせ、和睦の勧告を行ないました。また交渉の前日には、使者をたてて城内に酒と肴を運ばせています。あくまでも相手を尊重する形を作ったのです。

そして当日、如水は肩衣袴姿で刀を持たず、たった一人で小田原城に入りました。「大軍を前に、籠城すること一〇〇日、北条の武名は天下に伝わった。秀吉公と和睦し、家名を残すことこそ、北条家一〇〇年の大計ではないか」（『その時歴史が動いた』29巻、KTC中央出版）

如水が籠城して抵抗することの無益を諭しては、相手のプライドを傷つけることになります。そこで北条の家名を尊重することは早雲の心に沿ったことであると、その大義をもって説得を行なったのです。

一五九〇年（天正一八年）七月五日、北条氏はついに降伏、難攻不落といわれた小田原城が開城しました。北条氏政と弟の氏照は切腹、氏直は家康の女婿であり和平に尽力したことから高野山預かりとなりました。驚いたことに、如水に対しこの時も秀吉からはめぼしい恩賞はなかったと言われています。

しかし逆に、敵方の北条氏政、氏直親子は、家名を尊重する形で講和に至ったことを感謝して、如水に『吾妻鏡』と名刀「日光一文字」を贈っています。

このあと、伊達政宗も秀吉の軍門に下り秀吉は六〇余州を平定し、ここに天下統一が実現しました。一〇〇年以上続いた戦乱に終止符が打たれたのです。主君信長も成し得なかった秀吉の天下統一。この陰には、ひたすら智略を駆使し相手の心を読みながら交渉にあたった如水の存在がありました。

官僚と軍師の違い

天下人の秀吉は、異なるタイプのナンバー2たちに支えられています。「ナンバー2たち」というのも妙な表現ですが、たとえば、理詰めで物事を進め、綿密な計画をたてて実行する官僚タイプの石田三成と、状況や感情を考慮にいれて実戦で戦略をたてて実行する参謀軍師タイプの竹中半兵衛や黒田官兵衛。ともに優秀なナンバー2でした。彼らがいたからこそ秀吉は短期間で天下統一を果たし死ぬまで天下人でありえたのです。

企業も拡大路線をとっているときは、アイデアと行動力がある参謀軍師タイプがナンバー2にいるとトップは仕事がやりやすいのですが、ある程度の規模になり社員が増えると管理と効率のよい運営が求められ、官僚タイプが右腕にいれば効率よく運営できます。そういう意味では、秀吉には絶妙なタイミングに最適な人材がいたのです。しかし、ナンバー2たちにしてみれば、タイプの違う者が同時期に、しかも同じようにトップの右腕としているとしたら反目しあうに違いありません。半兵衛・官兵衛（如水）と三成の関係です。半兵衛は先に死んでいますから、この場合、如水と三成ということになりますが、三成と如水は相容れぬところをお互い感じていたようです。

四国平定や九州征討の現場で、その物言いや戦い方で感情的な小競り合いは幾度となくありました。

表立って対立したのは朝鮮出兵の一五九三年（文禄二年）。『黒田家譜』にその様子が記されています。停戦中で講和に向けた話し合いが進んでいる最中、如水は自陣で浅野長政と囲碁を打っていました。この折、石田三成、増田長盛、大谷吉継の三奉行が来訪していますす。しかし、構わず待たせておいたところ、三人は憤慨して帰ってしまいました。

これは『甫庵太閤記』に記されているエピソードですが、帰国した三成は九州名護屋にいた秀吉に、如水のこの態度は、三奉行を侮蔑する行為であると訴えています。それを聞いた如水は、秀吉の怒りに触れてしまうと判断し、さっさと頭を丸めて帰国してしまったのです。三奉行は秀吉に再度訴えます。許可を得ず勝手に帰国したのは、軍法違反ではないか、と。

しかし秀吉は天下取りの第一の功労者である如水に対して、寛大な措置をとりました。これに対して如水は再度隠居を願い、如水円清を正式の号としています。

しかし、その隠居生活もまた長くは続きませんでした。

秀吉が朝鮮出兵の間に病没し、秀吉子飼いの家臣が二派に分かれての対立が表面化したからです。藤吉郎時代からの子飼いの加藤清正、福島正則、浅野幸長《よしなが》らのグループと、長浜に居城してから召し抱えた石田三成、長束正家、増田長盛らのグループです。両派は、秀吉の正妻の於ねと、秀頼の生母淀殿をそれぞれ恃《たの》んでいました。

調停役を買って出たのは家康です。如水は、家康はいずれ天下を狙うだろうが、そうなったとき、前田利家、上杉景勝など五大老はどのように動くのかをじっと見ていました。徳川家康と石田三成の対立が激しさを増し、不穏な空気が漂っていたこの時、如水、その胸に何が去来したのでしょうか。

混乱こそ好機なり

「ナンバー2」としてずっと活躍してきた人間が、主君を失った場合はどうするか。大半は引退するでしょう。如水もまた、豊前の中津へ帰っています。しかし、如水に限っては、単なる隠居でなかったことが関ヶ原の合戦の際に判明します。

仕えるトップがいない今、自分は何をすべきか考えた如水。わずか一二万石では天下を狙うのは難しい。しかし、戦況が長引けば、勝機が巡って来ないとも限らない、と如水は考えます。

「家康公と治部（三成）と百日手間取れば、筑紫より切り上がり勝相撲に入り、天下をとるべし」

という決心のほどがあったと『武辺話聞書』に記されています。

つまり、「家康・三成戦の勝者と、天下をかけて優勝決定戦をする」というのです。

一回戦の家康・三成戦は家康が勝つだろうが、天下分け目の戦いとなれば相当長期戦になるだろう。そうすれば、勝った家康も疲労しているはず。間をおかず戦えば、勝機はある、という計算です。

さあ、天下分け目の家康の東軍と三成を中心とする西軍の戦いが始まろうとしていました。諸国の大名はどちらにつくか、その選択を迫られています。

九州は大半が石田三成の西軍についており、東軍の家康方は肥後の加藤清正だけでした。如水はこのとき、「その時」を期して、九州諸侯との戦いを決心します。ナンバー2の殻から抜け出た「ニュー官兵衛（如水）」の誕生です。

如水の日常生活は大変つつましく、徹底した節約をやっていましたが、ケチがそうさせたのではなく、いざという時に資金を活きた形で使おうと思っていたからです。

それが証拠に、このとき城内に蓄えていた金銀を広間に集め、九州各地から兵を募っています。この如水軍団が九州統一に向けて行動を開始したのは、一六〇〇年（慶長五年）九月九日のことでした。浪人や農民など三〇〇〇人以上が集まり、家臣と合わせて一万を超えました。

さて、天下分け目の関ヶ原。九月一五日に展開されたこの戦いは、わずか一日で勝敗が決しました。両軍合わせて一七万人もの大いくさが、わずか一日で決着がつこうとは、さすがの如水も全く予想していませんでした。それを知らない如水は九州平定にむけて、相変わらず行軍を続けています。

この時点では、まだ正確に、事態がつかめていなかったのでしょうが、九州を制覇すれば、その余勢を駆って、「目があるぞ」と自信を持っていたのかもしれません。いずれにせよ「ニュー官兵衛（如水）」の証しです。

見果てぬ夢

小倉城を攻める本陣にいた如水に、息子長政から手紙が届きました。その手紙には、関ヶ原における東軍の決定的勝利と、自分がいかに軍功をたてたかが書かれています。

しかし如水はそれを読んでも、残る島津征討に向けて出陣しています。それほど如水の思いは強かったのです。「その現実をこの眼でしかと見るまでは」という思いだったのかもしれません。しかしこのとき、突然家康から島津攻撃は中止してもらいたいという書状が届きます。家康と島津の和平が成立した！　如水はことここに至って島津を討って九州の覇者になり、優勝決定戦で家康と戦って勝つ、という最後の希望が完全に断たれたことを悟ります。如水は中津へ戻り、二度と出陣することはありませんでした。

ほどなく息子長政が帰ってきます。今回のいくさの論功行賞で、筑前（福岡県）五二万石に封じられたことを如水に報告しています。

長政は、家康が自ら自分の手をとり「今回の勝利はひとえに長政の働きのおかげである」といって喜んだと、眼を輝かせて父に語ります。優勝決定戦構想は息子にも言わない極秘事項でしたから、息子が無邪気に喜ぶのは当然といえば当然です。しかし、その息子の働きが東軍勝利の因のひとつになったという報告を、父如水はどのような思いで聞いたのでしょうか。たぎりたつような内なる思いを押し隠し、息子の話を黙って聞いていた如水は、やがて静かに口を開きました。

「家康殿はお前のどちらの手を取ったのか」

若干首をかしげながら息子は答えます。

「右手でございました」

一呼吸あって如水は息子の眼を見て静かにいいます。

「その時、そなたの左手は何をしていた？」

このエピソードは金子堅太郎著『黒田如水伝』ほか複数の書に書かれています。これが真実かどうかわかりませんが、この言葉の中に官兵衛の口惜しさが込められています。「ならば空いている左手で家康を殺すこともできたではないか」と。

こうして、トップを取るという野望はついえました。

一二月、如水は家康に呼ばれ上坂しています。九州での如水の働きに感謝し、息子長政に与えた筑前以外に、上方に領地を与えるといわれました。

「年をとったら大国などいりません。もう安らかに暮らしたいと思います」

との如水の言葉に、これを聞いた徳川秀忠は、謙虚の徳を讃えたと『三河後風土記』に記されています。

徳川氏もまた、如水の武将としての器と卓抜した智略をおそれ、大きな領地を与えることなく、それを悟った如水も身を引きました。両名の暗黙の了解なのか、黒田家は改易・転封されることなく、明治に廃藩置県が行なわれても生き残り、そして、今も名家として存在します。

如水という生き方

官兵衛は軍師であり戦場でその能力が一層発揮されましたが、かつて、一五七七年(天正五年)の西播磨での戦いの時もそうでしたが、犠牲を払い無駄な血を流すことを極力避けています。無益な争いをせず無駄な血を流さないというのは、キリスト教の教えが生き方の根底にあったからかもしれません。

官兵衛がキリスト教に帰依したのは、一五七九年(天正七年)から一五八三年(天正一一年)頃ではないかといわれており、イエズス会のルイス・フロイスの著書『日本史』には「シメオン」という洗礼名が記されています。

その如水が死期を悟った一六〇四年(慶長九年)、京都伏見の自邸で息子の長政を枕元に呼び形見分けをしました。

紫の袱紗《ふくさ》に包まれていたのは、草履が片方と下駄が片方、それに古びた漆碗が一つだけでした。

『常山紀談』に記されている話から意訳すると、草履や下駄は普通左右揃った一対で履くものだが、いざ戦となったら、そんなことは言っていられない。たとえバラバラでも、とにかく馳せ参じ、出陣しなければならない時がある。一対の片割れを探しているうちに、そのチャンスを逃してしまわないように。また、この漆椀は、古びた汚いものだが、飯を盛ることはできる。何が目的かを見定めて贅沢を慎みなさい。

如水は形見の品により、息子に武将としての生き方を伝えたのです。

また、如水は、領民を大事にするようにとも言い残しています。

「神明の罰や主君の罰は怖いが、謝ればなんとかなる。しかし、家臣万民の罰はそうはいかない。家臣万民に疎んじられると、祈っても謝ってももう遅い。国を失うものになるから心するように」と戒めています。

三月二〇日、容体が急変して、如水はついに帰らぬ人になりました。

「追腹切るべからず」

家臣に殉死することを禁じた言葉が遺言となりました。

「おもひおく　言の葉なくてついにいく
道はまよはじなるにまかせて」

思い残すことはもうない。今は迷うことなく心静かに旅立つだけだ。これが辞世の句として残されています。

丸い器でも四角い器でも形を選ばない水のように生きた、官兵衛（如水）の五九年の生涯がここに幕を閉じました。

最強のナンバー2に止まらず、機を見てナンバー1も目指そうとした生き方に共感を覚える人も少なくないでしょう。彼は最強のナンバー2であったと同時に偉大なオンリー1でもありました。

第二章

オーナー企業を支える　直江兼続に学ぶ「直言力」

組織の興亡を決定する「ナンバー2」の存在

子供は親を選べないように、戦国時代は一、二の例外を除いて、自分で主君を選ぶことは難しい。武士の家に生まれたからには主君に忠義を尽くし、家を守ることが義務づけられていました。戦国時代の武士はオーナー企業に就職したのと同じようなもので、オーナー家をもり立て守っていくことが会社の将来と、ひいては自分の出世に大きくかかわってくるのです。

オーナー企業興隆の鍵を握るのが、「ナンバー2」の存在です。企業における専務か副社長、商家の番頭、戦国時代は家老かそれに準じる役職がそれにあたるでしょう。トップたる社長は常に大きな決断を迫られますが、迷うことも多く、決断できないこともあります。しかし、トップは周囲に弱みは見せられません。そのとき適切に直言してくれる「ナンバー2」の存在により、道を誤ることもなく組織を安定に導くことができるのです。

直江兼続は、まさにその通りの人物でした。

＊

主君である上杉景勝《かげかつ》が謙信の跡目として決まる前から仕え、先を見通す能力と素早い行動力で数々の難局を乗り越え上杉家を守っていきます。

その兼続の考えの規範となったのが、義を貫く精神と「愛」でした。景勝に仕え上杉の繁栄に寄与する運命を受け入れ、懸命に取り組んでいったのです。

直江兼続を語る上で欠かせないのが、兜の前立《まえだて》の「愛」の文字。戦国武将にとって兜の前立は信条を示すといわれ、「愛」の文字を兼続自身が楷書体で書きました。この文字の意味するところについては諸説あります。

敬愛する上杉謙信が軍神毘沙門天《びしゃもんてん》を信仰していたことにならい、勝利を愛染明王《あいぜんみょうおう》に祈願したというものから、愛宕権現の愛をとったというもの、あるいは慈愛と仁愛の愛であり、主君である上杉景勝を常に支え、領民のことを考え、愛のもとに尽くす証しとしての文字であるなど。真意のほどはわかりませんが、しかしその生き方はまさに愛を貫いた人生でした。

兼続が本領を発揮したのは、景勝の養父、上杉謙信が春日山で倒れたときでした。この時はまだ「直江兼続」という名前ではありませんが、この本では「わかり易さ」を第一に「兼続」と表記します。

兼続は言います。

「すぐに本丸に行き、景虎様より先に金庫と武器庫をおさえましょう」

この兼続の的確な判断と迅速な行動があったからこそ、景勝は謙信の跡とりとなり得たのです。

終世変わらない義の心

生涯の上司、上杉景勝との出会いは、兼続五歳の時にさかのぼります。

一五六〇年（永禄三年）、兼続は樋口惣右衛門兼豊を父に、飯山城主の娘を母に、越後国坂戸城下（現在の新潟県南魚沼市）に生まれました。幼名は与六。父兼豊は坂戸城主である長尾政景《まさかげ》に、薪炭用人として仕えています。

長尾政景は上杉謙信の姉である綾子を妻として迎え、景勝という息子が生まれています。兼続よりも五歳年上でした。政景の死去に伴い謙信は、景勝を引き取り養子として迎えています。というのも、上杉謙信は毘沙門天に帰依しており、一生不犯《ふぼん》の誓いを立てていたので子供がいなかったからです。綾子は夫の死に際し髪をおろし仙桃（洞）院となり、景勝とともに謙信の春日山城に居を移します。

兼続の運命を変えたのは、この仙桃院の存在でした。

江戸時代の政治家・学者新井白石は、その著『藩翰譜』で、「景勝は兼続の美しさを愛で、その寵愛はじつに深いものであった」と記しています。兼続は幼少の頃から眉目秀麗で優秀な子供であったようで、見た目もよく賢いところが仙桃院の目にとまり、景勝の小姓《こしょう》（身の回りの雑用を行なう役）として推挙されたのでしょう。景勝は小柄で一生に二度しか笑わなかったといわれるほど無表情で、長身で愛嬌のある兼続とは好対照でしたが、二人の主従の関係は兼続が亡くなるまで半世紀以上途切れることなく続きます。

兼続の思想や行動を理解するに欠かせないのが、上杉謙信が掲げた義の心です。

謙信は一五三〇年（享禄三年）、越後春日山城で誕生しています。越後守護代の長尾為景《ためかげ》を父に、虎御前（青岩院《せいがんいん》）を母に生まれ、幼名は虎千代《とらちよ》。

父親から疎んじられ幼少時に林泉寺に預けられましたが、一四歳で、父親の跡を継いだ異母兄晴景《はるかげ》に還俗され、以降景虎《かげとら》と名乗ることになります。しかし、兄は病弱だったため、謙信はその兄晴景から家督を譲られ、越後守護代として春日山城に入ります。謙信一九歳のことでした。

一五五三年（天文二二年）、北信濃の村上義清が甲斐の武田信玄に領地を侵されたのに対し謙信に援軍をもとめてきます。謙信はこれを受け、信玄と一五六四年（永禄七年）まで五度も合戦を行ないます。これが世にいう「川中島の戦い」です。一五七三年（天正元年）に武田信玄が亡くなったのを機に、謙信は越中を平定します。その後本願寺と連携し織田信長との対決を決め、加賀国手取川《てどりがわ》の戦いで織田軍に勝利しています。

謙信は軍神毘沙門天を崇拝し、春日山城内に毘沙門堂をつくったことが知られています。自らを毘沙門天の化身と信じていましたが、実際は、本人は幼児体験から戦《いくさ》が大嫌い。なんとか争いごとのない秩序ある世界を、と願っていました。しかし、本人の思いとは別に、戦いに明け暮れた一生でした。謙信研究家の花ヶ前盛明氏によれば謙信の生涯戦績は七〇戦、四三勝二敗二五引き分けとのことです。敗けない率、なんと九割七分一厘。これほど敗けなかったにもかかわらず、ほとんど領土は拡大していません。戦いの目的が、自分に助けを求めてくる人の力になること。義のために戦うというキャッチフレーズは、それ故、つけられたのでしょう。

慈愛の心で、民を哀れむという、自国の民に対する「愛」もまた、謙信の信条でした。戦いの最中にも、金山銀山の開発を行なったり、青苧《あおそ》の取引など海運交易により富をもたらしたり、経済基盤の整備を行なっています。これらはみな民を潤すという信念のもと行なわれた事業です。

兼続は景勝の小姓になって以降、春日山城に居住し、景勝とともに間近で、こうした謙信の経験談や人生訓を見聞きすることになります。幼い心にしっかりと謙信の精神が刻みつけられ、人格の形成に影響を与えたのは想像に難くありません。

先手必勝の判断が有利を呼び込む

兼続の能力がいかんなく発揮されたのは、この上杉謙信が倒れ帰らぬ人になったときのことでした。

謙信は一五七七年（天正五年）の九月、手取川で信長軍を散々に痛めつけて、春日山城に帰ります。もともと乱れた世の中を早く収束して、昔の、秩序ある社会に戻そうと、共に足利幕府再興を約束しあった仲なのに、その約束を反故にして専横な振る舞いを見せ始めた信長に怒った謙信が信長潰しにかかったのです。この戦いは、軍神謙信をもってしても会心の勝利だったようで、「霜は軍営に満ちて秋気清し」で始まる「九月十三夜」という七言絶句を作り、月光のもと、整然と列をなして飛ぶ雁をみては、その飛来先の故郷を思い、勝利の喜びをかみしめています。また、戦場となった手取川の河原には、「上杉におうては織田も手取川跳ねる謙信逃げるとぶ長（信長）」という石碑も建っています。

信長を徹底的に滅ぼさずに、いったん戦いの矛を収めたのは、戦いが行なわれたのが九月半ば、今の暦でいうと一〇月過ぎだったことが大いに関係していると私は思います。謙信の領国越後はそろそろ雪の季節を迎えるからです。早く春日山城に帰らねば……という思いがあったからでしょう。彼に「引き分け」が多いのは、そのせいかもしれません。

そして、年が明けて、雪にも耐えて迎えた春、三月。さあ本格的に始動、と思った矢先、一五七八年（天正六年）三月九日、出陣を目前に謙信は春日山城で倒れてしまいます。脳溢血でした。謙信は一度も意識を回復することなく、四日後、三月一三日に亡くなります。享年四九。それを知った兼続の行動は素早いものでした。「今こそ本丸に行き、金庫と武器庫を押さえるべきかと……」と景勝に進言したというのです。

事実、兼続は、三の丸にいた景勝をすぐに本丸に向かわせました。出陣前なので、三万両の軍資金と武器が大量にあり、それを素早く手中に収めたのです。

謙信が突然倒れるというのは想定外であり、うろたえる人が大半です。まして意識不明でいつ亡くなるかもわからない中で、亡くなった場合を想定し、次を考える人は多くありません。しかし、兼続は天性の勘で何が必要かを考え、「時」を知り、すぐに主君を本丸に向かわせました。

謙信には景勝以外に、北条四代目当主、北条氏政の弟氏秀という養子もいました。氏秀はかつて謙信が名乗っていた景虎という名前を貰っていました。ただ、この二人のうちどちらを、という正式な跡目は決めていませんでした。謙信は自分の幼名を与えたことからも、本心では景勝より景虎を跡目にしようと考えていたかもしれません。それは景虎を二の丸に、景勝を三の丸に住まわせていたことからも窺えます。

しかし、兼続は自分の直属の上司である景勝をいち早く本丸に入れました。瞬間的に先を読む能力に優れていることは、競争社会においては重要です。本丸に景勝を移した兼続は、本丸の城門を閉ざし、景虎の配下の誰をも本丸に入ることを禁じます。門前で小競り合いは起こりましたが、ついに景虎は本丸に入ることはできませんでした。兼続の先手必勝です。

その後も兼続の行動は早く、謙信の遺体を菩提寺である越後林泉寺に運びます。荼毘《だび》に付し、景勝こそ謙信の後継者であるとその実績を内外にアピールします。

しかし景虎も黙ってはいません。自分こそ謙信の家督を継ぐことになっていたが、邪魔されたと関東管領の上杉憲政《のりまさ》に訴えたのです。憲政は景勝に対して本丸を明け渡すように勧告します。しかし、景勝はこれを聞き入れません。景虎軍は軍勢を差し向けます。これを予測していた兼続は大砲で蹴散らし、ついに景虎の居城である二の丸にも大砲を向けます。爆音とともに、城に火の手があがり、景虎はたまらず息子と妻とともに、憲政の御館《おたて》城に落ちのびます。こうして謙信の相続争いである、御館の乱が幕を開けたのです。

土壇場を救った驚愕の懐柔策

さて謙信の跡目争い、いくさは景虎と景勝どちらが有利だったかといえば、景虎の方だろうと思います。関東管領の上杉憲政が後ろ楯としており、その上、景虎の実家北条氏も控えています。北条氏は関東最大の大名であり、財力、戦力、影響力どれをとっても圧倒的でした。

景虎は父の北条氏康に援軍を求め、自分の姉の婿である武田勝頼にも出陣を要請します。兵の数で圧倒した景虎は、初戦の春日山城では遅れを取りましたが、この布陣をみれば、最終的には景虎が勝つだろうと思われました。案の定、景勝の軍は迫り来る北条と武田の軍に日々劣勢となっていきます。

このとき兼続は、なんと、武田勝頼を懐柔し味方につけるということを景勝に直言します。

上杉と武田は宿命のライバルであり、幾度となくなく川中島で戦っています。命を落とした家臣もいます。「北条家の人間、景虎に対して、自分は生粋の上杉家の人間。しかも勝頼の妻は、景虎の姉」。景勝にはとうてい受け入れられない提案でした。しかし、それ以外この状況を逆転する方法はありません。

渋っていた景勝を説得し、兼続は武田勝頼に使者を向けます。その条件は、上杉が持っている上野《こうずけ》地方を献上することと、勝頼の妹菊姫と景勝の縁組です。勝頼の妹を嫁に迎えるにあたり、景勝は勝頼に金一万両を献上するという条件もつけました。先の、長篠・設楽原の戦いで、信長・家康連合軍に負けた勝頼は、再起を図るためには、何より、経済基盤の整備が必要と考えていました。結局、勝頼は景勝の申し出を受けることにします。勝頼は、景虎側の陣営から、自分たちの兵を引き揚げてしまいました。これでそれまでの情勢が動きます。

そして、一五七九年（天正七年）三月、景勝軍は御館城へ一気に総攻撃をかけます。景虎は逃げます。そして景虎は逃亡先で自害して果てたのでした。この、御館城が落城した同じ年、勝頼の妹菊姫と景勝の婚礼の儀が春日山城で執り行なわれています。

景勝が決めた直江兼続の誕生

御館の乱が終わった後の一五八一年（天正九年）九月、上杉謙信に仕えた上杉家の名門与板城主直江景綱の娘お船の婿信綱は、論功行賞のもつれから、春日山城で殺されてしまいます。これは他人のとばっちりを受けたものといわれています。

信綱・お船には子供がなく、このままでは直江家が絶えてしまいます。これを惜しんだ景勝は、兼続に未亡人のお船と結婚し直江家を継ぐように命じます。兼続二二歳のことでした。お船は大変美しく聡明な二五歳。兼続は承諾し、ここに与板城主直江兼続が誕生するのです。兼続は樋口家よりも格式が高い直江家と財力、そして生涯の伴侶を手にすることになりました。

組織にあっては、思いがけない仕事や出来事が降ってくることがあります。ためらっているうちに、せっかくの好機が通り過ぎてしまうこともあります。意に染まず最終的には失敗するかもしれません。しかし、目の前に乗るべき輿があったときは、ためらわずに乗ってみるということも人生には必要なのではないかと思います。

時代は騒然として進んでいきました。一五八二年（天正一〇年）三月一一日。織田・

徳川勢に追いつめられた武田勝頼は、妻と嫡男と共に天目山で自刃して果てます。

この、武田勝頼の死去により、信長は信濃側から景勝にじかに重圧をかけてきます。北陸は柴田勝家、前田利家、佐々成政ら織田の軍勢により平定されており、景勝包囲網が形成されつつありました。自陣内の越中魚津城が織田勢に包囲され、ついには落城します。このままでは、春日山城も危ない。この時、再び戦況を一変させる驚天動地の情報が飛び込んできます。

なんと、あの織田信長が死んだという知らせです。勝頼自刃から三か月も経っていませんでした。

もし、それが事実なら、上杉は危機を回避できます。そして、兼続は即座に考えました。次の天下人は誰か。

秀吉をうならせた智略

本能寺の変のあと、京都の山崎で明智光秀と羽柴秀吉が戦い、ついに秀吉が勝利をおさめます。主君信長の仇をとったのは、柴田勝家、丹羽長秀、滝川一益といった武将プロパーではなく、農民出身の秀吉でした。これより、秀吉はにわかにポスト信長の最右翼に躍り出ます。翌年、一五八三年（天正一一年）、信長の跡目相続問題を巡って対立した秀吉は、信長の家老格であった柴田勝家を賤ヶ岳《しずがたけ》の戦いで破り、いよいよその地盤を強固なものにします。

秀吉の天下統一の次なる関門は、富山城の佐々成政。秀吉は自軍の損失を最小限に食い止め、しかも相手に対する効果的な攻撃を考えたとき、上杉と共闘することを思いつきます。御館の乱での兼続の働きの風評を聞いていたからかもしれません。

秀吉はすぐに景勝に使者を送って寄こします。佐々の軍勢を東西から挟み撃ちすることを提案したのです。景勝は快諾します。

秀吉が景勝、兼続と会ったのは、佐々成政攻略の後の一五八五年（天正一三年）だと言われます。成政の処分が終わった後に、石田三成などごくわずかの供を従えただけで、秀吉は何の前触れもなく越後と越中の国境近くの越水《おちみず》の城下に入り、そして景勝、兼続との対面を果たしました。兼続と三成はともに二六歳。以降の秀吉と景勝の交渉ごとはこの二人によってすすめられていきます。

その後、秀吉は九州を平定し、一五九〇年（天正一八年）、関東の北条氏の討伐を行ないます。北条氏は関東最大の大名であり、ここを制圧すればほぼ天下統一です。

しかし小田原城は川と海、そして箱根の山々に囲まれた城です。秀吉の大軍をもってしてもなかなか落城しません。北条方はこの小田原城に籠もり、抵抗します。籠城およそ一〇〇日。結局、北条家四代目当主北条氏政は自害し、息子氏直は高野山に追放され北条氏は滅亡、ここに豊臣秀吉の天下統一が事実上成し遂げられたのです。

一五九八年（慶長三年）、秀吉による二度目の朝鮮出兵が行なわれていた年、景勝に会津への国替えの命が下ります。越後は上杉家相伝の地ですから、家臣も大半が地元の出身であり、そこを離れることについて景勝は簡単に承服できません。とはいうものの、秀吉の意志は変わらず、最終的には会津への国替えを承諾しました。

景勝はこの時、会津七四万石に出羽長井郡一八万石を加えた九二万石に、さらに旧領のうち庄内と佐渡の二八万石を加えた一二〇万石の大名になります。このとき景勝は、領内の軍事上の重要拠点である米沢三〇万石を兼続に与えました。

秀吉は兼続をことのほか気に入っていたようで、一五八八年（天正一六年）上奏し、山城守に任じここに直江山城守が誕生、同じ時、秀吉は豊臣姓を兼続に与えています。

秀吉から羽柴姓を名乗ることを許された武将は何人もいますが、豊臣姓となると、この兼続以外は、加藤清正、池田輝政、細川忠興、蒲生氏郷ぐらいしか思い浮かびません。秀吉がいかに彼を見込んだかが、推し量れる事実です。

国替えにあたり兼続は直ちに上洛し、三成と綿密な打ち合わせを行ないました。兼続と三成は多くの共通点がありました。それは、教養に裏づけられた非凡な才能と、迅速で確実な行動力です。これにより、二人はそれぞれの主君から絶大な信頼を受けるかけがえのないナンバー2でした。二人の結びつきは、秀吉の死後起きた豊臣の家臣同士の勢力争い、関ヶ原の戦いまで続きます。

直江状の真意

直江兼続を語る上で、外すことができないのが「直江状」です。

徳川家康から謀反の疑いありと詰問されたことに対する返答書で、一六か条にわたり理路整然と答弁しています。これについては、後世、家康を挑発するためのものだった、あるいは主君景勝の意志を尊重するために書かざるを得なかったなどと言われています。残念ながら原本は現存していませんが、写しが山形県米沢市の上杉博物館に保管されています。もっとも、今、残されているものは、後に、書き加えられたもの、という評価をする人もいますが、私は彼自筆の、このもとになる直江状は、存在していたと考えます。

直江状が書かれたいきさつを辿ってみましょう。

秀吉は自分の死後、若い秀頼を中心に豊臣政権が長く続くように、と、有力な大名から五大老を選び、実際の業務を担う五奉行と共に政務を行なうシステムをとっています。しかし、秀吉が亡くなった翌年の一五九九年（慶長四年）、五大老の重鎮前田利家が死去すると、実質的に権力を握ろうとする徳川家康の思惑が見えてきます。秀吉が禁止していた大名同士の結婚などを勝手に執り行なうなど、家康は自分こそ天下人であると周囲にアピールするような行動をとったのです。

義を信条としている景勝は、秀吉が死去したからといって次の権力者に乗り換えることは承服できません。その思いは兼続とても同じです。そしてそれは、全く違う意味で家康も同じです。

景勝はしだいに家康に対抗したい気持ちと、旧領の越後を再び奪い返したいという思いが強くなっていきました。それを察した兼続は一計を案じます。

上杉家と越後の民は二〇〇年という長い間、主従の関係ができていました。そこで部下を越後に送り込み、残っていたかつての家臣や農民をあおり、一揆を画策したのです。新領主である堀秀治になってから、年貢の徴収がそれまでより二割も増えたことや、免除されていた寺社からも年貢を取り立てるなど、民衆からは不満が高まっており、それを利用したのです。

危機感をもった堀氏は、家康に讒訴《ざんそ》します。

「景勝は会津領内から八万人も動員しており、新しい城の建設や道路や橋などの修復など行なっている。すなわち上杉景勝に謀反の動きあり」と。

家康は一六〇〇年（慶長五年）四月一日、毛利輝元、宇喜多秀家の二人の大老と相談し、家臣を会津に遣わしました。使者は景勝に対して、大坂城に赴き、謀反の意志がないことを証明する誓紙を提出せよと口上を述べます。景勝は、自分はいささかも逆意はないと伝えるだけで話は終わってしまいました。

家康の使者は、直江兼続と交流がある臨済宗の僧・西笑承兌《さいしょうじょうたい》の書も携えていました。景勝は過失を犯しているが、その責任は兼続にあると家康殿は考えており、それに間違いはないかという内容でした。つまり、すべてを兼続の責任にしてことを穏便にすませたらいかがかという提案です。上杉家の興廃が兼続の一存にかかっており、くれぐれも熟慮した対応をしてほしいとの配慮でした。

兼続はそれに対して一六条からなる返書を送ったと言われています。これが世にいう「直江状」です。

一、こちらのことで、種々雑説《ざつせつ》があり、家康が不審に思われていることであるが、それは尤《もっと》もなことで、遠国であり、さまざまな雑説がとびかうことはやむをえない。
二、景勝の上洛《じょうらく》延引は、国替《くにがえ》後の多忙のためで、逆心などはない。
三、起請文は何度も反古《ほご》にされた。この上、誓紙を出すことは無用である。
四、景勝は以前も今も一貫して律儀な人間である。
五、讒言人《ざんげんにん》の言をお糺《ただ》しなく、逆心ありとされてはもう致しかたもない。ぜひ糺されたい。

六、備前殿（前田利長）を思召《おぼしめ》しのままに処置され、大したご威光である。

七、増田（長盛）・大谷（吉継）は御出頭とのこと、用があれば連絡します。榊原式部大輔は景勝の取次役なのに、讒人《ざんにん》堀監物（秀治）の奏者をつとめ、事実を歪曲されたのは頂けない。

八、逆心との雑説の第一は、上洛延引のため生じたもの。これについては申し上げた通り。

九、第二は武具を集めたことだが、これは、田舎武士の当然の嗜《たしなみ》で、ご不審あるまじきことである。

一〇、第三に、道を作り、船橋を申し付けたりしていることを咎められたが、これは往来に煩《わずらい》のないようにと、国持ち（大名）の当然の役目としてやっているまでのことである。

一一、虚言はつかぬと仰せられたが、高麗へ来々年出兵すると仰言《おっしゃ》ったのは虚説ではないか。

一二、景勝は三月の謙信追善法要のため、日数をとっておかれたが、夏中には上洛の予定。増田・大谷より上洛を勧告されたが、讒人《ざんにん》のご糺明《きゅうめい》のないうちは上洛はできない。

一三、景勝に逆心はない。上洛は出来ないように仕掛けられているので仕方ない。太閤《たいこう》の御処置に背き、秀頼様を見放す、というようなことをして、内府様に無首尾を働いては、景勝末代の恥辱。決してそのようなことはせぬ故、ご安心ありたい。

一四、そちらで、景勝逆心と言われるのと同じく、隣国でも会津が戦いの準備をしていると触れ廻っているが、無分別者のやること故、景勝は気にかけていない。

一五、景勝は使者をもって釈明すればよいのだろうが、讒訴《ざんそ》や藤田（信吉）出奔で、景勝の逆心は歴然、とお考えのところに、右の条々ご糺明なきうちは、釈明などとても出来ません。

一六、いろいろぶしつけなことを書きましたが、愚意をおわかりいただきたく、申し述べました

（小和田哲男著『名参謀 直江兼続』より）

このように、質問に対してこと細かく理由を書いています。屁理屈ともとれるようなことも、あえて詳細に書いてあるところが興味深い。

兼続はこの返書を持たせて使者を返します。手元に届いた、この長い手紙を、家康はじっくり読んだに違いありません。

「六〇歳になろうとするわしだが、これほど無礼な手紙を見たことがない」

ユーモアを支えた教養と冷徹

兼続は困難な事態を突破する卓抜したアイデアを瞬時に考える戦術家ですが、その源泉を書物から吸収していました。

兼続は、高名な寺僧や学者や連歌師など教養人との交流のほか、教典や医学書、儒学書、歴史書などを、丹念に精力的に集めたり、書写させたりして、知識を得ます。戦争の混乱に乗じて、破れたり、焼かれたりする書物などを拾い集めては、大切に持ち帰ってもいます。武勇に優れた兼続は、同時に極めて優れた教養人でもありました。ですから、その教養に裏打ちされたユーモアも一級品でした。時には冷徹に映ることもありましたけれど。

例えば領内のもめ事の裁きを引き受けた時のこと。

これは『武辺話聞書』という史料に載っている話ですが、外川淳氏の『直江兼続』（アスキー新書）に簡潔にまとめてあるので、ここではそちらを紹介しましょう。

一五九七年（慶長二年）、上杉家の侍がちょっとしたことで使用人を斬殺する事件が起きました。使用人の親戚らの訴えに兼続は、慰謝料を払って収めようとしました。しかし、親類らは「生き返らせろ」としつこく無理な要求をしてきます。そこで兼続は「それならば、閻魔大王にかけ合ってこい」と言い放って、「いまだお会いしたことありませんが、一筆啓上いたします」と記された閻魔大王への書状を添えて、この親戚らの首をはねたということです。閻魔大王に手紙を書くという発想は面白いのですが、それを成敗という形で決着する冷徹さを伴っているところに、無体な要求を戒める兼続のバランス感覚の妙があります。

兼続の戦略

徳川家康が豊臣秀頼の名のもとに、上杉景勝討伐を決します。一六〇〇年（慶長五年）六月のことでした。それを知った景勝は、諸将に書状を送っています。

「自然無分別理不尽之滅亡と述懐に存ずるものは、何者成共、相違無、暇を出す可く候」

草案は兼続が書いています。家康にあらぬ疑いをかけられたので、このままでは上杉家が滅亡するしかない。この戦いは正当防衛のようなものであるが、こちらに非があると思った場合は、申し出ればすぐに暇を取らせるという内容です。

戦うからには勝たなければ意味がありません。

景勝と兼続は戦場の視察に赴きました。勝つ見込みのある場所でなければ、有利に戦いを進めることはできないので、兼続は常に地の利を優先しています。これを熟知しないものは自滅するという信念のもと、有利な場所を事前にリサーチすることを忘れませんでした。

決めたのが、会津の革籠原《かわかごはら》です。

私の番組で、『天地人』の原作者の火坂雅志氏もおっしゃっていましたが、この地は三方を囲まれた袋小路のような地形になっており、そこに敵を誘い込み迎え撃つという作戦が実行できます。実はこの袋小路待ち伏せ作戦は、家康が小牧・長久手の戦いでとった戦法といわれています。相手の戦術を研究し、それを使って敵と戦おうと作戦を立てたのです。

しかし、この作戦が実行されることはありませんでした。

このタイミングで石田三成が挙兵したため、三成を討伐すべく家康は兵を西に向けて出発してしまったからです。

それにしても、家康は、上杉景勝のホームグラウンドに行く前の、途中の小山（栃木県）というところで、なぜ、進軍をやめてしまったのでしょうか。家康はなぜか小山に逗留するのです。「自分が大坂を離れれば三成は動く」——この「上杉討伐」はそう読んだ家康の謀略、と噂される所以でもあります。

絶妙なる撤退策

さて、西に向かった家康軍を、兼続は追撃しようと景勝に進言します。このタイミングならば、追いかけて攻撃すると勝機があります。しかし、景勝は首を縦に振りません。「敵を後ろから攻撃してはならぬ」――真面目一徹、生涯で二回しか笑わなかったと伝えられる景勝の面目躍如の逸話です。

そして、その景勝は、

「最上攻めをせよ」

と思わぬ命令を下すのです。上杉は最上領と境を接しており、領主の最上義光《よしあき》は会津を後ろから脅かす存在でした。景勝の領地は会津・庄内・佐渡と分かれており、最上領が手に入れば分断を一気に解消できます。家康が会津攻めを中断したので、最上攻めの絶好のチャンスと思ったのです。それに対し、兼続は再度、家康攻撃を提案したのですが、景勝の決心は揺るぎません。

最終的に兼続は景勝の意志を尊重し、すぐに会津から米沢に戻り自ら総大将となり二万四〇〇〇の兵を率いて出陣します。

しかし、戦《いくさ》は長谷堂城が落ちないまま膠着状態が続きました。

このとき、景勝から思わぬ知らせが届きます。

「撤退せよ」

関ヶ原の戦いで、西軍が一日にして壊滅したというのです。これ以上、家康側の最上義光と戦っても無意味です。

しかし、問題は大軍の撤退でした。

このような膠着状態では撤退に乗じて敵が攻めてくる危険性が高く、また味方の兵が我先に逃げようとするので命令系統が機能しなくなって壊滅的な打撃を被ることもあります。

ここで兼続は大胆な戦略を実行します。

最後尾の軍を分けて、一方が敵軍をできるだけ引きつけておき鉄砲を発射して攻撃し、その間にもう片方が撤退します。次には先に撤退した軍が攻撃に回るという、部隊が交互に応戦しながら徐々に撤退するという戦法です。

外川淳氏の『直江兼続』によると、のちに兼続が家康に謁見したときに、この撤退術を「あっぱれ」と評されたそうです。

生涯最大の危機に対する決断

関ヶ原の戦いの勝利により、徳川家康は実質的な天下人となります。

しばらくして兼続に家康の詰問状を同封した承兌からの書状が届き、家康が大坂城の西の丸に入ったことを知ります。書面には本多正信が仲介の労をとるので、家康との和議を考えてはどうかという提案も添えられていました。

この徳川方との和解に際しては、兼続の妻お船の努力もあったという説もありますが、兼続は和議にむけての根回しをはじめます。承兌に対して手紙を送り、景勝には一切の責任はなく、戦いを進めたのは兼続一人の決断であり、処罰は兼続に対してなされるようにと書き送ったのです。

家康から大坂城へ来るように命令があったのは、一六〇一年（慶長六年）六月のことで、出発に際して兼続は身辺を整理し後顧の憂いなきようにしました。

七月、大坂城で家康に対面しています。

景勝は型通りにあいさつし、引見を許された礼を述べ、兼続はひたすら恭順の意を示しました。自分の戦争責任を前面に出すことで、景勝の責任を解除することが最善だと考えたのです。

どんな時にあっても、主君を守り忠節をつくし、そして家を守ることを優先しました。処分は景勝の所領のうち、会津、庄内、佐渡の九〇万石を没収、残されたのは三〇万石の米沢だけというものでした。しかし、家康は彼らを殺しませんでした。経済的には一二〇万石から三〇万石へと、四分の一という極めて厳しいものでしたが、二人の身柄については沙汰なしということです。「奴らは秀吉の忠臣」と思っていた家康が彼らを殺さなかったということは、家康が彼らの識見、能力をそれなりに評価していた証しでしょうし、あるいは、「さぁ、お手並み拝見！」というところもあったのかもしれません。

花ヶ前盛明編『直江兼続のすべて』（新人物往来社）によると、このとき兼続は景勝から六万石を贈られるのですが、五万石を返上しています。さらに残り半分の五〇〇〇石を家臣にわけたので、直江家は五〇〇〇石の知行となりました。あくまでも家を守る「ナンバー2」の立場を貫いたのです。

一人のリストラも出さない経営

企業は売り上げが大きく落ち込むと、リストラを行ない人件費などの固定費の節減に努めます。戦国時代にも大幅に石高が減った場合は家臣を抱えきれないため、多くの浪人をだすことも珍しくありませんでした。

総収入を四分の一に減らされ、しかも米沢という新しい領地に移転することになった上杉家ですが、景勝は兼続の進言通り一人も家臣の首を切りませんでした。とはいうものの米沢という小さな城下町で、家臣を食べさせていかなければなりません。

生活にあたり最初の問題は、水の確保でした。

三〇万石のところに一二〇万石の人間がやってきたので、水が不足します。水は生活する上でも、田畑を耕作する上でも欠かせません。兼続は城の周辺の水路整備を実施するために、土木や灌漑《かんがい》工事を得意とする家臣を選び工事にあたらせています。最上川の支流である松川に、長さ三キロにわたり石積みの堤防を築いています。この堤防が町や田畑を守り、作物の実りをもたらしました。

兼続が築いたことから「直江石堤」と呼ぶようになったと伝えられています。現在でも、長さ一・二キロの石積み跡が米沢市に残っています。昭和六一年に市の史跡に指定されました。

また兼続は、家臣には開墾を奨励しています。

足軽にも土地を割り当て、牛馬を飼ったり、柿や栗、いちじくといった実のなる樹木を植えさせています。垣根にはウコギを使うように言ったといいます。ウコギの幹にはとげがあり防犯に役立つだけでなく、葉を乾かして茶として用いさせたのです。また根には強壮作用があり、薬としても使えます。

こうした開墾した土地の所有を認め、年貢は農民の半分という特権も与え、家臣も生活が立つようにしたのです。これらの荒地開墾事業は、米沢市天地人推進協議会によると兼続の法名の「達三全智居士」から、後年「達三開き」といわれたそうです。

上杉家継続への戦略

米沢城下での家臣の生活もめどが立ってきた矢先の一六一四年（慶長一九年）、上杉景勝は家康の命により、大坂冬の陣の二番手として出陣しました。着々と徳川の政治体制が整っていく中で、兼続は上杉家の存続をかけて奔走しています。

最初に行なったのが、本多正信との縁組でした。

前出の花ヶ前盛明編『直江兼続のすべて』によると本多正信は家康の信頼も厚く、しかも旧知の仲なので、兼続の長女お松の婿、つまり直江家の跡取りとして正信の次男政重を迎えています。兼続には嫡男の景明がいたにもかかわらず、景明は生来身体が弱いため正信の養子を跡取りに据えたのです。しかし、お松は結婚後一年ほどで病死し、さらに次女のお梅も病気で失いました。そこで実弟の娘を養女にして、政重の嫁として直江家を継がせています。嫡男の景明は、近江国膳所《ぜぜ》城主の戸田氏鉄《うじかね》の娘をめとりました。仲立ちしたのは本多正信でした。あくまでも家康の信頼の厚い本多家との縁を最優先にしたのです。

大坂冬の陣に際して、兼続は嫡男の景明を出陣させたのですが、景明は結核を患っていたため出陣がたたり翌年死亡しています。

こうして兼続は実子三人をすべて失いました。しかも、養子として迎えた政重も成人して直江家を去り、加賀の前田利光の家老職になり、直江家を継ぐ者が途絶えてしまいます。

景勝は名門直江家を断絶させるのは忍びないと、養子を迎えるよう勧めましたが兼続はこれを断っています。

「もともと断絶した家だったのだから……」

と思っていたかどうか、それに触れた史料はありません。

最後まで義を貫いた生き方

五歳で景勝の小姓となってから半世紀が過ぎ、兼続は還暦を迎えていました。体調が思わしくなかったにもかかわらず、将軍徳川秀忠の上洛に同行した無理がたたったのか、一六一九年（元和五年）一二月一九日、兼続は江戸の自邸でその生涯を終えています。義を貫き、景勝を支えつづけた一生でした。

兼続の死を大いに嘆いた上杉景勝も、その四年後、六九歳で生涯を終えています。

前出の花ヶ前盛明編『直江兼続のすべて』によると、兼続の死後、妻のお船は三〇〇〇石を拝領し、兼続が生前手がけていた『文選』の再刊に力を尽くしました。兼続が、朝鮮から持ち帰った書物を集め、直江版の『文選』六〇巻を、京都にて三〇冊にまとめて出版しています。知識を求めた文化を大切にする夫の意思を継ぐものでした。

現在、直江兼続とお船夫妻は、米沢市の上杉家の菩提寺である林泉寺に眠っています。

第三章

社業拡大を推進する　石田三成に学ぶ「構想実行力」

トップの心をつかむ気配り

企業が成長するときには、切り込み隊長として市場を開拓する人とそれを後ろで支える人が必要です。しかしある程度企業として大きくなると、社内がうまく機能するように人材を配置したり、あるいはマニュアルを作成するといった管理部門に優秀な人材が求められます。

石田三成は豊臣家を頂点とする巨大コングロマリットにおいて、その実務を確実に推進する上でかけがえのないナンバー2でした。秀吉が行なった検地はまさに三成が具体的にその方法を企画し、全国規模で確実に実行したからこそ、隠田を摘発したり収入の基礎である課税農地の面積と質をしっかり把握したりすることができたのです。

企画は実行できる仕組みを整えなければ成功しません。お題目を唱えるだけでは絵に描いた餅です。時には細かすぎると嫌われても、確実に、公平に、やり通すことが、結局は多くの人々からの理解が得られる一番の方法となるのです。

しかし官僚的に仕事をする人は、往々にして同僚や部下、ときには上司からも疎まれます。もちろん、周囲に気配りをしてものの言い方も考えて、人づきあいも円滑にしながら仕事ができる人はいます。

しかし、三成はそうではありませんでした。

頭が切れるだけでなく、思ったことをストレートに言葉に出す実直な性格です。また、自分を取り立て、自分の能力を活用してくれる秀吉に心から恩を感じ、秀吉に気遣いして、秀吉がやりやすいことを最優先に仕事をしました。それが結果として秀吉の天下統一を早め、短いもののその後の豊臣家の繁栄をもたらしたのですが、一方でゴスマリと揶揄される所以でもありました。拡大路線を標榜するトップにとって、三成は銃後の守りを固める上で最高の「ナンバー2」だったのです。

＊

三成は近江の石田村（滋賀県長浜市）の豪族の家に生まれています。幼名は佐吉。

三成が生まれた村は琵琶湖の北側に位置しており、その後秀吉が城をつくり産業を奨励したために往来が増え、商業都市となっていきました。そのきっかけとなったのが、姉川の戦いでした。織田信長軍と浅井《あざい》・朝倉の連合軍、両軍合わせて五万を上回る軍勢が激突する戦いで、織田方が勝利します。その後、浅井氏攻略の功を買われて羽柴秀吉がこの地の領主となり、長浜城を築きました。かつては今浜と呼ばれていましたが、秀吉が信長の名前から一文字もらい、長浜としたといわれています。「気配り男・秀吉」らしい話です。三成も子供ながら新しい城主の手腕について、興味を持ってみていたのでしょう。

秀吉と三成の出会いについては、「三碗の才」という逸話があります。

秀吉が鷹狩りの帰り道、寺に立ち寄り茶を所望しました。汗をかいている秀吉に、少年が大振りの茶碗にぬるめのお茶を八分目ほどたてて持ってきました。この少年は寺児童として幼いころから預けられていた佐吉、のちの石田三成です。

秀吉が出された茶を一気に飲み干し二杯目を所望します。今度は同じ茶碗に少し熱めの茶を半分ほど入れて運んできました。秀吉が、さらにもう一杯所望すると、今度は小さい茶碗に熱くたてたお茶を少量持ってきました。相手の状況と気持ちをくみ取る気働きに感心した秀吉は、三成を小姓として召し抱えることになったというものです。このときの三成の年齢は一四、五歳だろうと推察されます。

秀吉も草履取りから出発し、城主にまで出世した人物です。相手の気持ちを察し、最善の対応をする気配りの人でしたから、同じような気配りをする若者が気に入ったのかもしれません。これは『武将感状記』に記された逸話で真実かどうかは不明ですが、それほどに小さい時から利発だったことは間違いありません。三成は秀吉の小姓として召し抱えられ、以降秀吉のサポートに努めます。

家臣の対立の萌芽

さて、長浜一二万石の領主となった秀吉は、これからは自分の裁量で一国を運営していかなければならないのですが、子飼いの家臣がほとんどいませんでした。戦国時代は一族の武将を皆で支えるのが当たり前ですが、農民出身の秀吉には行政と軍略に優れた人材が周囲にほとんどいなかったのです。

設立されて間もない会社のようなもので、社業は拡大しているものの肝心の人材がいません。そこで秀吉は、家臣の募集を積極的に行ないました。

多くは自分の出身地の尾張から採用しています。福島正則、浅野長政、加藤清正、加藤嘉明らはその代表です。子供のいない秀吉・於ね夫婦に我が子同様に愛情一杯に育てられた、いわゆる豊臣恩顧の武将たちでした。彼らはどちらかといえば、槍先で功をあげる武闘派です。数々の戦いで戦功をあげ、秀吉の天下統一に貢献しました。

一方、長浜城のある近江からも積極的に採用しています。近江商人で有名なことからも地元出身者は算術に長《た》け、総務、経理といった事務的能力に優れた人材が揃っています。そこで三成をはじめ、長束《なつか》正家、増田《ました》長盛、藤堂高虎、片桐且元《かつもと》らを採用し、彼らは行政を担当する官僚派として活躍します。

三成は若いながら頭が良く判断力に優れていたこともあり、元服をする頃には秀吉の奏者を務めています。奏者とは家臣からの報告などを秀吉に取り次ぐのが仕事ですが、そのまま伝えるのではなく、ある程度裁量を持ち機知にあふれる言葉で奏上するため、秀吉もことのほか満足だったといわれます。このことも、後年、御注進ばかりする汚い奴だという評価につながったのかもしれません。

企業は組織が小さく拡大路線の際には、体力と持久力に優れた体育会系ともいえる「武官」の活躍が欠かせませんが、ある程度の規模になると後方支援としての「文官」の力が大きくなり、効率と法規で「武官」の活動を制限し始めます。こうした対立は、業務内容と成果に対する価値基準が違うので仕方がありません。しかし豊臣家の不幸は、朝鮮出兵において三成と加藤清正の決定的ないさかいが起こり、それが天下分け目といわれる関ヶ原の戦いへとつながっていったことです。全国を巻き込んだ戦いの芽が、この時から生じ始めていたといってもいいかもしれません。

一五七七年（天正五年）、秀吉は烏帽子《えぼし》親（元服するときの仮の親）になり佐吉を元服させました。ここに石田三成の誕生です

元服祝いに二〇〇〇石の加増を言われた三成はそれを断り、自分の代わりに一つ年下の大谷紀之介という若者を推挙しています。大谷は九州の大友氏に仕えていたのですが、中央で活躍する希望を持ち、秀吉に仕官することを願っており、三成の推薦により小姓にとりたてられます。元服後は秀吉から一字与えられ大谷吉継を名乗り、奉行、軍監と出世していきます。大谷吉継は、家康との戦い（関ヶ原の戦い）は勝機が少ないと最初気が進みませんでしたが、恩人三成のためにと、ひと肌脱ぎ、三成を助けて最後まで働き、そして敗れ去って死んでいきました。

秀吉の政務を支えた五奉行

本能寺の変の首謀者である明智光秀を倒し、天下統一にむけて積極的に動き出した秀吉は、四国征討に成功した一五八五年（天正一三年）、近衛前久《このえさきひさ》の養子にしてもらう工作を行ない、朝廷より従一位関白に任ぜられました。関白という名誉の称号を手にした後に、豊臣という名字に変えています。このとき三成もまた従五位下治部少輔に任じられており、三成が治部と呼ばれるようになったのはこのためです。

江戸時代に書かれた小瀬甫庵《おぜほあん》の『太閤記』によると、秀吉は行政担当として五奉行制度を定め、前田玄以《げんい》、浅野長政、増田《ました》長盛、長束《なつか》正家、石田三成に当たらせたとありまず。このとき三成は五奉行の中でもとりわけ若い抜擢でした。

この五人についての秀吉の評価が、『太閤記』に記されています。

「浅野長政は兄弟同様で会議に必要な人柄である。前田玄以は智将、織田信忠が認めた男で確かな人材である。長束正家は丹羽長秀の下で名判官といわれた。増田長盛は財政経理に詳しい。石田三成は進言するにあたり、機嫌や顔色を窺わず堂々と意見する」

三成の正論をはっきり述べる実直さを評価していたのです。

ところで、前にも少し触れましたが、三成が企画の大枠を作り秀吉が行なった大きな行政事業として「検地」があります。土地の大きさを測りその質を見極め、どれくらいの収穫が見込めるかを知る目安となるものです。それまでは自己申告だったため、石高をごまかすなどは当たり前に行なわれていました。そこで秀吉は敵を倒すごとに、領地の検地をしています。現地に出向いて複雑な土地の所有関係を整理して隠田を摘発し、土地の広さを測りました。これに基づいて正しく収穫量を予測し、公平に徴税する仕組みが確立したのです。この過程で荘園制度が崩壊し、各地の石高が決定していきます。これが、江戸時代の幕藩体制の基礎である石高制確立につながっていきます。一五八四年(天正一二年)三成二五歳の折、検地奉行として検地を行なった記録が残っています。

検地に先立ち三成が行なったのが、度量衡の統一です。

度は長さを、量は体積、衡が質量とそれぞれの単位を表しています。『図説日本文化史大系』(小学館)によると度量衡の考え方は律令制度のもと、奈良時代に中国から入ったのですが、その後地域により基準となる単位がばらばらになっていました。これでは不公平感が出るし、流通の促進を阻害するという考えのもと、統一を図ります。曲尺で六尺三寸を一間とし、一間四方が一歩で、三〇〇歩を一反、六〇間を一町という単位に定めました。また、租税は二公一民と決めています。こうした改革により、商業取引も大きく発展することになりました。

その後、一五八九年（天正一七年）三成は五奉行の一人浅野長政と組んで、美濃国の検地を実施、翌年には陸奥の検地も実施しています。一五九五年（文禄四年）、佐竹の領地の常陸《ひたち》・下野《しもつけ》・磐城《いわき》の検地をもって全国の検地が終了しました。

検地の結果、秀吉の直轄地が増大し、それを引き継いだ徳川家康がこれを天領として幕府財政の有力な基盤としたのは歴史の皮肉です。国を治める基本は徴税をしっかりすることであり、この仕組みの基礎を作ったという点で三成の企画力・実行力が光ります。

検地の功により、秀吉は九州の三三万石を三成のために用意しています。しかし、三成はこの申し出を断りました。

三成は秀吉の側近くにいて統一国家を作り、国の秩序と繁栄を築く手伝いをすることに生きがいを見出していたからだろうと、いわれています。

欲を行動の基本原理にする発想

三成の業績については、制度を作っただけでなく、人を働かせる仕組み作りの妙も光ります。次は『名将言行録』に記されているエピソードです。

ある年のこと、大坂に集中豪雨が起こり淀川の堤防は壊れ、城下が洪水の危機にさらされていました。秀吉はいてもたってもいられなくなり大坂城を出て、壊れた堤防に土俵を積む水防作業の陣頭指揮をしていました。

「もっと土俵を持ってこい！」

秀吉が叫んでも、用意した土俵はすでに使い果たし一俵も残っていません。このままではさらに川の水が城下に流れこんできます。三成は一人馬に乗り、堤防の決壊個所を見ていきます。その後部下に命令して、近くの米蔵を開かせて数千もの米俵を決壊場所に運び込ませました。そしてあろうことか米俵を土俵の代わりにして、決壊場所を塞ぎ洪水を防いだのです。誰もが驚きました。なんといっても、米俵です。

雨があがると、三成は近郷在住の人を呼び集めて大声で叫びました。

「丈夫な土俵を一俵持ってきたら、堰口を埋めた米俵一俵と、取り替える」

これを聞いた住民は、我先に丈夫な土俵を担いで集まってきて、堰口の米俵と取り替えてもらいました。これによって丈夫な堤防ができたというのです。

目の前に褒賞をぶら下げて働かせるというアイデアをとっさに思いつくのが、三成のすごさです。もちろん、そこには豊臣家の莫大な財産という後ろ盾があったからこそできたことですが。

仕事の効率を、人の欲を刺激することで高めた逸話はこれだけでありません。

伏見城の本丸には井戸がありませんでした。秀吉はなんとか早く掘らせようとするのですが、丘陵地でありなかなか水が出るところまでは到達しません。

これを聞いた三成は、工事現場にやってきて、大量の銭をひもでくくってある糸貫銭を工夫たちにじっくりと見せました。それを皆が見ている目の前で、井戸に投げ込んでしまったのです。あっと思ったが、すでに遅い。

「この井戸、見事に掘りあげたなら、あの銭をすべて皆にくれてやる！」

と言いました。それを聞いた工夫らは先を争って穴に入り、井戸掘りに励んだのでほどなく井戸が完成しました。

やり方に品性が感じられない、という誹《そし》りを受けるかもしれませんが、しかし、どうしたら効率を上げられるかアイデアを考え、実際に仕事を進めていった三成がいたからこそ、秀吉の行政は機能したともいえるのです。

領民を公平に治めた掟

三成の旗印は、「大一大万大吉」です。

「大」という漢字を組み合わせた現代的ともいえるデザインで、その意味するところは「一人は万民のために、万民は一人のために。そうすれば世の中に吉（幸福）が訪れる」とも言われています。もしそうだとしたら、「ワンフォーオール、オールフォーワン」の、あのラグビー精神、そのものです。

三成は杓子定規で融通がきかず、頭の良さをひけらかし、人を見下す鼻持ちならない男という評価がされていますが、私はそうは思いません。これらも関ヶ原の戦いで家康の敵だったが故の〝言われよう〟だと思います。前にも少し触れましたが、歴史は勝者の側から語られがちです。その勝者を、よりグレードアップさせるために、後世の作家がフィクションをまじえて書く史料も少なくありません。だから、史料にこう書いてあるから、と言って、それを鵜呑みにすることは、大変危険なことだと考えます。勝者もいれば敗者もいる。その敗者の言い分だってあるだろう、ということです。

また私たちの歴史は、勝者敗者と、今、私たちが認識している人たちの何億倍もの「名もない人」の歴史でもあるのです。それを思うと、歴史を一人の勝者で語り切ることの恐ろしさを感じます。「古くからの言い伝え」だけを、批判なしに受け売りをするのではなく、常に新しい姿を探す姿勢が大事だと思っています。

話は横にそれましたが、三成に戻しますと、三成は、少なくとも、領民に対しては公平で行き届いた行政を行なっていた名領主でした。それを示す証拠として、『石田三成掟條』と呼ばれるものが北近江四郡に複数現存しています。

三成は一五九〇年(天正一八年)、小田原攻めの軍功により近江一九万石を贈られ佐和山城主になりました。『石田三成掟條』は、直轄地の年貢を納める地域の住民に向けて、つくられた掟です。

注目すべきは、田畑の耕作に関する権利を認めている条文です。「一三か条の掟・九か条の掟」と呼ばれるもので、領国支配をスムーズに運営するための規範ともいえるものです。この掟では、田畑の耕作に関する権利と義務を明記。何よりも公平さを旨としたものでした。

三成のロジスティックス能力

さて、三成はいわれるように、戦闘の現場では特筆すべき軍功を残していません。しかし、戦場で必要なのは戦術を駆使する軍師や勇猛な武将だけではありません。兵がしっかり働けるように食糧や馬、馬の飼料、武器などを調達し、安全に戦場に運ぶ兵站《へいたん》もまた重要な任務です。

三成はその兵站において天才的な能力を持っていました。

一五八三年（天正一一年）の賤ヶ岳の戦いでの、大垣・北近江間の急な移動の時も、またそのあとの九州征討にむけた二〇万以上の大軍の移動時にも、過不足なく食糧、弾薬などを何よりもスピーディに運び補給を行なっています。この動きがあったればこそ、戦《いくさ》を勝ちに結びつけることができたのです。

なかでも、兵站つまりロジスティックスの能力を最大限に発揮したのが、一五九二年（文禄元年）朝鮮への出兵です。三成はその無益を説いて最後まで反対しましたが、秀吉は大陸支配の野望があり耳を貸しません。説得をあきらめた三成は船奉行として、九州の名護屋に赴くことになりました。

仕事は一六万ともいわれる大軍を安全確実、しかも無駄な費用をかけずに朝鮮半島まで運ぶというものでした。そのためにどれくらいの大きさの船を何隻用意し、何往復させたら効率よく移動できるのか、食糧補給はどれくらいの頻度で行なったらいいのかなど計画を立て、三成は円滑に実行していきました。

この戦いは当初、秀吉軍優勢で推移していたのですが、明の大軍が援軍として参戦したあたりから戦況が悪化しました。

このまま戦っていては、食糧や水の補給路まで絶たれ壊滅的な被害が出る可能性があると考えた三成は、援軍である明と講和する方向で調整します。しかし、講和は失敗に終わり、再び朝鮮への出兵が開始されたのです。

講和にあたり、戦闘を継続すべきという立場の加藤清正と激しい口論となっています。

三成は秀吉に「清正が和睦の邪魔をしている」と報告し、激怒した秀吉が清正を帰国させ謹慎処分にしています。

清正はこれを三成が讒訴《ざんそ》したと思いこみ、「三成を一生許さぬ」と恨みが募っていきます。童門冬二氏の『石田三成』（学陽書房）には、この時のしこりが関ヶ原の遠因となったと書かれています。

朝鮮出兵は、秀吉の死により中断されることになりました。問題は朝鮮半島に在留している軍勢をどのようにして、安全に帰国させるかということです。敵に後ろを見せず、安全を保ちながら撤退するのは容易なことではありません。情勢不利な中で三成は大量の船を手配し、一切の指揮をとり、あの大軍のほとんどを無事に撤退させることに成功しています。

秀吉の死による均衡の崩れ

秀吉は晩年になり五奉行制定のほかに、幼い秀頼を補佐しながら秀吉亡きあとの政治を合議で行なうために五大老を定めました。五奉行が行政官にあたるのに対して、五大老は会社でいえば、相談役か社外取締役のような立場にあたります。五大老には、徳川家康を筆頭に、前田利家、小早川隆景、毛利輝元、宇喜多秀家が就任しました。その後、小早川隆景の死去にともない、上杉景勝に代わっています。

堺屋太一さんは、かつて『その時歴史が動いた』の控え室での雑談の際、この関係を、こうおっしゃったことがあります。大変分かり易かったので再録します。

「豊臣会社の創業社長兼会長が秀吉。副社長が家康。筆頭専務が利家。専務が輝元。常務が景勝。平取が秀家。石田三成は、そう、企画部長でしょうかな」

秀吉は病の床にありながらも幼い秀頼の将来を心配し、秀頼に対する忠誠を五大老、五奉行に何度も誓わせています。その上で利家と家康をリーダーに、二人の指導のもと合議制で政治を運営するように遺言しました。

このときの三成は、「天下が騒乱にあったとき、秀吉様が世を治め、ようやく今日の繁栄となった。続く秀頼公の世になることを誰が祈らないことがあろうか。絶対再び戦乱の世に逆戻りさせてはいけない」と誓っています。三成の気持ちに嘘はありませんでした。

しかし秀吉への誓いなど無視して行動を始めたのが家康でした。まず行なったのが大名同士の縁組です。秀吉は特定の大名が大きくなるのを防ぐため、生前堅く禁じていたのですが、家康が勝手に破ろうとしたため、三成は五大老・五奉行制に訴え、家康を糾弾し遂には諦めさせています。

ところが一五九九年（慶長四年）五大老の一人前田利家が亡くなると、家康に対して牽制する大名はいなくなってしまいました。それを好機とみて、三成の日頃の態度に不満を感じていたいわゆる武闘派の加藤清正、福島正則、黒田長政など七人が、三成を襲撃しました。すんでのところで三成は助けを受け、逃れました。助けを求めた先が家康、従ってこの仲裁の労を買って出たのは家康でした。

「今回の騒動は三成殿にも責任がある。自国に戻り一、二年謹慎されよ」

『古今武家盛衰記』には、家康が三成に謹慎を勧告した旨の記録があります。三成は近江佐和山の居城に入り謹慎することになりました。秀吉の死後半年足らずで、実質的に豊臣政権の中枢から外されたのです。

関ヶ原の戦いの大義

三成については、頭は良いが人の気持ちをまったく忖度《そんたく》しない冷たい人間のように記述されたものが多く残っています。しかし三成に命を捧げ、最後まで尽くした家臣も数多くいます。

三成の家老として獅子奮迅の働きをした島左近もまた、三成の人柄に魅せられた一人でした。左近は筒井順慶の元で知勇兼備の名将として、名をはせており、羽柴秀長、秀保に仕えた後は、浪人となり近江で暮らしていました。多くの大名が召し抱えようと訪れましたが、だめでした。三成も佐和山城の城主になる折、何度も足を運び左近に家臣となることを頼んでいます。三顧の礼を実践した三成に対し、左近はその誠意にうたれ、軍師として召し抱えられることになりました。その後、左近は戦下手といわれる三成の軍にあって、数々の軍功をあげています。

一五九九年（慶長四年）九月、家康は豊臣の本拠である大坂城に入り、秀頼の後見役におさまり大名の所領を独断で加増する行為にでました。そして翌一六〇〇年（慶長五年）六月には、既述の通り家康は、五大老のひとり上杉景勝に対する武力討伐に向かいます。家康の軍には徳川の家臣だけでなく、福島正則、黒田長政、細川忠興、山内一豊といった、石田三成とは普段から距離をおく豊臣家の家臣たちも含まれていました。

これに対して三成も水面下で、「家康公の所業は太閤様に背き、秀頼様を見捨てるが如き振る舞いである」と家康が故秀吉の法度に背いた罪一三か条を挙げた書状を起草しています。

毛利輝元がこれに呼応して総大将として大坂城に入りました。また長束正家、増田長盛、前田玄以の三人の奉行が三成の味方になりました。毛利と宇喜多の二大老と四奉行の連署で、家康の罪状一三か条を記した書状を全国の大名に送るにあたり、状況を眺めていた西国大名たちが雪崩《なだれ》を打って大坂城に集結します。さらに会津の上杉を加えると、数の上では家康包囲網は完璧なはずでした。

三成は合戦を前に、大名の妻や嫡男を大坂周辺の屋敷から一歩も出さないようにしています。秀吉が行なっていた家臣の妻子を人質にとる政策を引き継いだものでした。

加藤清正と黒田如水の妻子は、家臣の働きで脱出することに成功していますが、細川忠興の妻玉は逃げませんでした。はたして三成からは人質となり大坂城内に入るようにとの申し入れが届きます。しかし彼女はこれを拒否しました。鉄砲隊を先導とする三成勢が強引に玉を連れ去ろうとします。

夫忠興からは、その折は潔く自害しろ、といわれています。彼女も死ぬことは何とも思っていません。しかし、玉はキリスト教の洗礼を受けており、ガラシャというクリスチャンネームを持っていました。クリスチャンにとって自殺は許されません。悩んだ玉は家臣を隣室に配し、合図とともに長刀で胸を突かせ、屋敷に火をつけて壮絶な最期を遂げました。明智光秀の娘であったガラシャは、本能寺の変以降、思いもよらぬ人生を送ってきましたが、ここにその波乱の生涯を終えます。享年三八。

さて、三成の立場に立てばこうした人質作戦の失敗は想定外のことでした。

八月一一日、三成率いる美濃方面軍と伊勢方面軍は、合流するために大垣城に入ります。その二日後の八月一三日、東軍の先鋒が大垣から二五キロ離れた尾張・清洲城に出現します。それを見て、三成は驚きました。東軍の先鋒を務めたのが、秀吉への忠誠心が強いことで知られた福島正則、黒田長政といった豊臣恩顧の武将たちだったからです。

彼らが家康になびくわけがない、と考えていた三成の自信が揺らぎます。そこで彼は戦略を見直します。すぐに西軍の総大将、毛利輝元に出動を要請しましたが、一向に動く気配を見せません。

そして一六〇〇年（慶長五年）九月一五日朝、ついに天下分け目の関ヶ原の合戦が始まります。豊臣政権による統一国家を守ろうとする石田三成の西軍八万二〇〇〇、対するは次の天下人を狙う徳川家康の東軍八万九〇〇〇。両軍あわせて一七万超。

午前八時、東軍が三成軍に襲いかかります。

しかし三成の軍勢は応戦して、まず、この攻撃をしのぎます。そして、三成は山の上にいる味方に加勢を求めます。しかし、動く兵はありませんでした。やがて小早川秀秋らが裏切り、西軍で戦っているのは、宇喜多秀家、小西行長、そして大谷吉継の隊だけになります。

午後一時、大谷の軍勢が持ちこたえられずについに全滅、吉継が命を落とします。やがて、宇喜多軍、小西軍が敗走し、残るは三成の本隊だけになりました。津波のように押し寄せてくる敵勢に対して、三成の家臣が獅子奮迅の戦いを展開します。しかし、衆寡敵せず、三成軍は一人また一人と壮絶に散っていきました。ただ裏切り、寝返りが続出する中で、これほど絶望的な状況でも、三成の家臣だけは誰も裏切りませんでした。

午後二時、死闘の果てに三成軍が全滅し、ここに合戦は終わりを告げます。

『天元実記』によると、「関ヶ原における石田軍の兵の働きぶり、死に様は尋常ではなかった」とあります。三成軍の軍師島左近もまた、この時、散っていきました。

最後に読めなかった人の心

三成は秀吉の気持ちを読み、それに応えるべく働いてきました。秀吉の行政がうまくいったのは、文官としての三成の能力と働きがあったからこそで、まさに秀吉にとっての最高のナンバー2でした。

自軍からは一人の裏切り者も出さなかった君臣一体の三成軍。これほど気働きできる三成が、なぜに最後はああなったのか。たとえば、秀吉が死んだあと、於ねはその命日の一八日には、毎月、必ず豊国神社にお参りをしていました。雨の日も風の日も雪の日も暑い日も。それは於ねにとっては心弾む、「毎月の行事」だったに違いありません。

しかし於ねは一六〇〇年（慶長五年）の七月の命日だけは参詣しませんでした。実は、三成がこの日にあわせて、いってみれば西軍総決起集会のようなものを開こうとしていたからです。於ねの参加を得たら、これで家康打倒の大義名分が立つ、と三成は思っていたのです。三成が自分を利用しようとしている——そう直感した於ねは、七月の参詣をとりやめます。

直言居士の三成は、権力を持つ同性の秀吉の目には、頼もしく映ったかもしれませんが、女性にとってはどうだったのでしょう。秀頼が生まれた時、秀吉の忠臣三成は「これで跡取りができた」と於ねの前でも、淀殿の前でも手放しで喜びを表現しました。忠義の臣三成にとって、それは当然の行為ではありましょう。しかし、表面上はともかくも、跡取りの生母、側室の淀殿に対して、子ができなかった正妻の於ねの心の底には、小波《さざなみ》は立たなかったか——この時、淀殿に対する於ねの気持ちを察したのは、家康だったと言われています。

あの時以来、三成よりは家康と、於ねはボンヤリとでも、そう思っていたのではありますまいか。それが、七月の命日欠席の行動につながったのだと、私は思うのです。

関ヶ原の戦いの後、三成は伊吹山に一人落ちのび、山中の苔むした洞窟に身を隠します。六日後、ついに追っ手に見つかり、一〇月一日、三成は鴨川の河原で処刑されることになりました。『茗話記』には、処刑に際しての次のようなエピソードが記されています。

処刑場へ向かう途中、三成は喉がかわいたので、水を所望しました。しかし近くに水はなく、処刑役人が農家の庭先の柿を渡そうとした時、三成は「私がこれを喰って腹を壊したらどう責任をとるつもりか」と、一喝して食べなかったといいます。

最後の最後まで天下を狙うチャンスにかけていた三成。それを、ゆるがぬ信念、ぶれない行動、とみるか、往生際が悪い奴と罵るか、それは受け取る側個人個人の感性の問題だと思います。

三成が捕まった後、佐和山城は落城します。

攻めたのは小早川ら東軍に寝返った武将でした。その城は見かけこそ、「石田三成に過ぎたるは、島の左近に佐和山の城」と落書にあったように、立派なものでしたが、中は奉行の屋敷とは思えないほど質素だったといわれています。

「三成常に曰く、奉公人は主人より賜はる物を遣ひ、合はせて残すべからず、残すは盗人なり、また遣ひ過ぐして借銭するは愚人なり」（小和田哲男著『石田三成』ＰＨＰ新書より）

日頃の言葉を実践していたのです。あまりに真っ直ぐな、何よりも再び天下が乱れることを憂えた男の一途な生き方がそこにありました。

一〇月一日、斬首。四一年の生涯を閉じました。

官僚として秀吉を支えた男の、これもまたあまりに壮絶な、ナンバー2としての生き方でした。

第四章

攻めと撤退の時期を見極める　本多忠勝に学ぶ「市場開拓力」

家康の天下取りを支える

戦国時代は敵国と戦って領土拡大を図りますが、やみくもに戦っているわけではありません。情報収集を行ない、戦略を立て、タイミングをはかっての出陣となります。出陣に至るまでは綿密な打ち合わせと会議を行なうことで、いかに効率よく、被害を少なく戦うかが話し合われます。そしていざ出陣したら、人材をフルに活用し勝利を呼び込みます。これは企業も同じです。新規市場に出るにあたり商品、マーケット、タイミングなど綿密に作戦を立てますが、始まったら持てる力を最大限結集して市場を開拓しなければ競争に勝てません。

このとき、市場開拓能力に長けた人材がいるかどうか。その人が最大限の力を発揮できる後方支援態勢がとれているかが問われます。最前線で勝てるかどうかは、これらの能力を持つ人材がいるかどうかで決まるのです。

＊

江戸幕府を開いた徳川家康には、徳川四天王といわれる四人の勇猛な武将がいました。家康の側近として使え、江戸幕府の創業に多大なる功績をもたらした武将たちです。酒井忠次《ただつぐ》、本多忠勝、榊原康政、井伊直政の四人であり、彼らが天下統一までの数々の激戦を勝ち抜いていきました。

中でも本多忠勝は、五七回の戦で一度も手傷を負わなかったという剛の者として知られています。領地というシェアを獲得するために猛烈に進む、抜群の市場開拓力を備えた人物だったのです。

戦いはやみくもに出陣しても、勝算はありません。出陣のタイミング、方法、戦略と人材の確保、そして場合によっては撤退の時期も見極めなければ最終的な勝利を手にすることは難しいのです。本多忠勝はそれを実践して、見事主君である家康に天下を取らせました。まさにこれから新しい市場にでようとする組織にとっては、必要不可欠のナンバー2でした。

「家康に過ぎたるものがふたつあり　唐《から》の頭《かしら》に本多平八」

これは、武田信玄の家臣である小杉左近が詠んだといわれる歌です。

唐の頭というのは、兜の前にネパールやチベットなどの高地に生息するヤクという動物の毛を飾ったもので、当時の武具の飾り物としては最高級品であり、家康はいくつもこれらの「唐の頭」を持っていたといわれます。

もうひとつ「家康に過ぎたるもの」といわれた本多平八とは、本多平八郎忠勝のことです。戦場で主君のために獅子奮迅の働きをして味方の勝利に貢献し、敵からもあっぱれといわれるような武将でした。

まさに三河武士の鑑《かがみ》のような男だったのです。

主君家康とのかかわり

本多忠勝は、一五四八年（天文一七年）、愛知・三河で本多忠高の嫡男として生まれたとされています。忠高は家康の父である松平広忠の家臣です。藤原氏を祖先に持つ本多家は、三河の松平家発祥の頃から歴代当主に仕えており、三河譜代の家臣でした。

忠勝が生まれた翌年、父忠高は、織田信広が籠城した三河の安祥《あんじょう》城を攻めて戦死します。幼くして忠勝は父親を亡くすことになったのです。長じてからは、本多家の後継として、松平元康（後の徳川家康）に生涯出仕しました。

忠勝の名前が歴史に登場するのは、一五六〇年（永禄三年）の桶狭間の戦いからです。

今川義元が大軍を率いて尾張の織田信長と激突した桶狭間の前哨戦の大高城《おおだか》の戦いで、当時は今川側の一員だった松平元康は、大高城に兵糧を運ぶ先鋒補給隊の任務に就いていました。この戦いに、忠勝が初陣を飾ります。この時、忠勝一三歳。

大高城は今川の最前線基地として機能していたのですが、織田方の監視が厳しく兵糧の補給が思うに任せないという、厳しい状況でした。元康は、夜の闇に紛れて一〇〇頭を超える馬に大量の米を乗せて出発し、途中の村落に火を放ち、敵が慌てている隙を狙い大高城に運ぶという作戦を立てます。元康と忠勝は決死の覚悟で兵糧を運びますが、今川軍は敗退します。これをきっかけに、今川の勢力は縮小し、結局、義元は桶狭間山で討たれてしまいます。

織田信長の大金星で、信長は以後、群雄割拠の戦国武将たちのトップグループを走ることになります。一方、これを機に、今川の軛《くびき》から脱した元康は、義元から貰った「元」の字を捨てることができ、今川との決別を表明し「家康」と名を改めた、といわれています。

緒戦で決める必勝作戦

本多忠勝を語るときに欠かせないのが、蜻蛉切《とんぼきり》といわれる柄の長さが四メートル近くある長い槍です。刃の長さは五〇センチほどで、刃の先端にとまった蜻蛉が真っ二つに切れて落ちたことから、蜻蛉切という名前がついたといわれています。

忠勝が大きな槍を手に、鹿角の飾りがついた兜をかぶり、愛馬にまたがる姿で登場すると、その迫力に敵は息をのんだといわれます。

兜の両側についた堂々とした雄鹿の角は見る者に恐れを与え、鉄製の鎧は黒々とした漆塗りでいかにも頑丈そうに見えます。五七回も戦場に出ながら一度も傷を負わずに戻ることができたのと大いに関係があるのだと思います。

家康が今川のもとを離れ、国取りの階段を昇っていく最初の関門の掛川城の戦いでは、忠勝は一番槍をとっています。一番槍とは、戦いの口火を切り、その戦いで初めて敵と槍を交えた武士のこと。勇者にのみ与えられる名誉ある称号です。

しかし、一番槍だからといって相手にやみくもに突っ込んでいけば、足元をすくわれる可能性もあります。じりじりと間合いを詰めて、ここだというタイミングを計って敵陣を崩さなければならず、まさに市場開拓成功の秘訣に通じるものがあります。戦場では命を失うかもしれないぎりぎりの重圧が襲います。これをはねのけて一番槍をとり、そのあとに続く部隊が戦いやすいような態勢を作らなければなりません。だからこそ、英雄といわれ、この名誉のために武将はこぞって一番槍をとったのです。

桶狭間で今川義元が敗走した後、家康は先祖伝来の三河領内の失地回復を図ることになります。このため当面の目標である今川氏真の領地である遠江《とおとうみ》へと向かいました。家康軍は今川家滅亡にむけ掛川城に攻撃をかけますが、氏真の思わぬ抵抗に遭い、戦いは長期戦にもつれ込んでしまいました。

籠城から五か月、ついに戦況が動きます。

『本多忠勝』（ＰＨＰ研究所）によると、このとき、家康軍の先頭に蜻蛉切を手に愛馬にまたがった忠勝が、先頭をきって戦いました。上司が率先して先鋒をとるので部下にとっては頼もしく、部下は勇敢に働きます。忠勝は全員のモラール（士気）を上げる能力にも優れた才を持つ最高の指揮官でした。

絶対に犠牲を出さない退却時の戦い方

信長が天下統一に向けて勢いを強めていたのと同じ頃、武田信玄もまた上洛の機会を虎視眈々と狙っていました。信玄は手始めに、徳川の領地を脅かしています。家康も越後の上杉謙信と同盟を結び、警戒を強めていました。

そして、一五七二年（元亀三年）一〇月、信玄が動き出します。

それまで争っていた相模の北条氏と同盟を結んだ上で、信玄は家康と信長の連合軍に対して全面攻撃を仕掛けてきたのです。信玄が総勢三万とも言われた大軍を率いて信濃を出発、家康の領内に入り、城を陥落させていきます。

家康は信玄軍の動向を探るために、忠勝らを偵察に向かわせました。

その忠勝らに、いきなり武田軍が襲ってきます。坂の下から忠勝らの背後に回り込むようにして攻めてきて、もはや退却するしかありません。このままでは本隊まで崩されかねないと思った忠勝は、このとき、意表をつく行動にでます。討ち死にを覚悟で、敵の部隊の中央に突っ込んでいったのです。

敵陣を突破して混乱させたのち、一気に退却する作戦でした。煙と炎のなかから鬼のような形相で向かってくる忠勝に、武田の軍勢は気圧《けお》されました。

この間、家康の本隊は天竜川を渡り陣容を整え、武田軍に攻撃を開始します。忠勝は援軍に守られながら自陣に引きあげてきました。

決死の覚悟が成功させた退却でした。

そして何日か後に、戦場に掲げられた高札に書かれていたのが、既述の「家康に過ぎたるものがふたつあり　唐の兜に本多平八」の落書だったというわけです。

無謀な采配にも従う忠義

武田軍は天竜川流域を制圧しながら、家康の居城浜松城を目指しています。家康は籠城を覚悟しました。信長の援軍を期待したのですが、いつになるかは分かりません。

ところが浜松城近くにやってきた武田軍が、予想に反してそのまま西に軍をすすめていきます。城攻めではなく、野戦を意図しているようです。

家康は今までの戦いで野戦を得意としており、その気持ちが攻撃を決断しました。それと、自分の庭先を通る敵に、何もせずに「はい、どーぞ」と、道を譲ることなどできないという武士の意地もあったでしょう。家康は、武田軍の行進に対戦の意思表示をします。徳川四天王の酒井忠次、榊原康政、井伊直政は反対はしませんでしたが、忠勝はこの意思表示に大反対をしています。武田軍の強さを身をもって知っているだけに、野戦がいかに無謀なことかを説きました。しかし、家康は聞き入れず攻撃を決断します。すると主君の決心が堅いことを知るや、忠勝はそれもやむなしと、たとえ討ち死にしようとも忠節を守るべきと家臣の説得にあたります。

そして、三方ヶ原の戦いが始まりました。

余談ですが、信玄が生涯をかけて作り上げてきた戦国一の武田騎馬軍団は、この頃、完成型をみたといわれています。つまり、この時が一番強かったのです。その軍団が粛々と家康軍の近くを通り過ぎます。野戦が得意な家康軍は追いかけます。

一五七二年（元亀三年）一二月二二日のことでした。信玄の騎馬軍団は三方ヶ原の台地に向かっていき、やがてその台地を登り始めました。しめた！　と家康は思います。この台地の先は、両側から崖が迫る谷間の道。大軍は一度には通れない。我々に後ろを向けて谷間を下る彼らを背後から突けば勝てる！　そう思った家康が、間合いをはかりながら、三方ヶ原台地を登っていきました。ところが、登り切った家康軍が見たものは、全員がこちらを向いて整然と並んでいる武田騎馬軍団の姿でした。短時間に、信玄の采配ひとつで、音も立てずに隊列を動かすことができる武田軍団に、家康は驚嘆します（『その時歴史が動いた第17巻』ＫＴＣ中央出版より）。

この時、絶体絶命の家康軍にあって忠勝は大槍を振り回しながら敵を蹴散らし、最後まで家康を武田軍から守ろうとします。家康はともかく逃げます。恥も外聞もなく逃げます。馬にまたがったまま家康は、あまりの恐怖に鞍上で糞尿を垂れ流し、命からがら、浜松城にたどり着いたといわれています。忠勝は主君を最後まで守りながらの、主君のぎりぎりの退却を実現させたのです。

後に家康は、三方ヶ原の戦いを「人生最大の敗北」と語り、その時の恐怖にふるえる歪んだ顔のままの肖像画を画師に描かせています。これは「家康のしかみ像」として、いまも徳川美術館（愛知県名古屋市）に保存されていますが、家康は、何かあるたびに、その絵を見て心を引き締めたといわれています。

武力だけでなく発揮された智略

一五八二年（天正一〇年）六月二日の、本能寺の変でも、忠勝の智略が光りました。家康は三方ヶ原の戦いで惨敗を喫した武田信玄が死んだあと、信玄の事実上の跡取りとなった勝頼率いる武田軍を、信長との同盟関係のもと長篠・設楽原の戦いで倒します。一五七五年（天正三年）五月のことでした。その時のご褒美として、家康は信長から慰安旅行をプレゼントしてもらいました。本能寺の変は、まさにその最中、家康が気心の知れた少数の家臣と共に、のんびり堺（大阪府）観光を楽しんでいた時に起こったのでした。

家康は同盟を結んでいた信長の死に衝撃を受け、帰るにも街道筋をみな光秀勢がおさえているだろうから、無事の帰還は万に一つも叶わない。ならばそこでジタバタするより、家臣と共に殉死をすることこそ武士としての生き方だといいます。そばにいた家臣たちも同調しかかります。しかし、そこで一人、これに反対したのが、忠勝でした。

「信長殿のご恩に報いるならば、殉死するのではなく、何としてでも一度三河へ戻り軍勢を整え、明智光秀を討つべきです」

説得され、家康の気持ちも少し落ち着いてきます。しかし、京や大坂はすでに光秀の軍勢に道々をふさがれ、脱出するのも危険な状況です。

そこで忠勝は、紀伊半島を経由するコースを選択します。

堺を出て近江（滋賀）に入り伊賀（三重）を経て、伊勢から海路で三河へというコースです。このとき京の商人である茶屋四郎次郎清延《きよのぶ》に案内役を頼んでいます。紀伊の山々には山賊が出没するので、茶屋四郎次郎が先導となり金をばら撒きながら進み、難を逃れたのでした。

途中、近江の多羅尾光俊の城に立ち寄った時に休憩を勧められましたが、家臣の多くは、光秀の息がかかっていたら命はないので先に進もうと口ぐちに言いました。しかし、忠勝は断言します。

「もし光秀の息がかかっていたら、すでに行動を起こしているでしょう。何もなかったのは他意のない証拠です」

忠勝の判断により一夜の宿を取ることになりました。ここで充分休養をとったことで体力の温存がはかられ、その後余裕を持って行くことができたのです。

忠勝は、状況を読み、相手が信用に足る人間かを見極める判断力に優れていました。

そして、家康一行は伊勢から船に乗り、無事に三河にたどり着いたのです。

その時、ホッとした船上で塩辛を食して家康が言ったことば。

「殊《こと》の外《ほか》、風味よし」(『その時歴史が動いた第29巻』KTC中央出版より)

天下人の心も掴んだ働き

明智光秀を討ったのは羽柴秀吉でした。

その「実績」を手に、秀吉はその「ポスト信長」としての存在感を、日ごとに強くしていきます。例えば、信長の後継者問題です。信長の後継たるべき候補者は本能寺の変前までは三人いました。

しかし、嫡男の信忠は本能寺の変で戦死。残るは次男の信雄と三男信孝でした。このうち次男の信雄は、どちらかといえば暗愚に近い人物でした。例えば、本能寺の変直後も、光秀との弔い合戦の時も、いずれも、ここぞという時の判断を間違える人間でした。

また、一五八四年(天正一二年)の小牧・長久手の戦いの時も、最初は家康に声をかけ、

「生意気な秀吉をこらしめてやりましょう」と参戦を促しながら、いざ戦が始まって、家康軍が秀吉軍を打ち負かして喜んだのも束の間、態勢を立て直した秀吉軍が今度は強い敵徳川よりも強い敵の弱い味方、つまり、自分をターゲットにして攻めてくることが分かると、戦争を始めましょうと自分から誘った家康に黙って、今度は秀吉と勝手に和平を結ぶといった塩梅《あんばい》の人物でした。

本能寺の変で旅先にいたばっかりに、無事には領国に帰ってきたもののその後何も出来ず、秀吉に大きく水をあけられてしまった家康の焦りも手伝って参戦した小牧・長久手の戦い。秀吉軍には勝ったものの、信雄の勝手な行動で結果として戦いそのものは講和に持ち込まれ、このあと、秀吉の人質作戦などもあって、勝った家康が負けた秀吉の家来になるという奇妙な結末を迎えるのです。ことほど左様に、自分のスタンディング・ポジションがはっきりしない信雄は、初めから信長の後継レースには入れず、信長の家臣たちは、柴田勝家を中心に、三男の信孝でいくことにほぼ決まっていたのでした。

その流れをひっくり返したのが、家臣の中で真っ先に主君の仇をとった秀吉でした。秀吉は三男の信孝後継はおかしいと、異見を言います。「長男信忠さまの遺児がいるではないか」というのです。「信長公の直系の孫、三法師さまこそ、後継者」と主張します。筋は通っていますが、三法師はこのとき三歳。誰の目にも三法師の陰に秀吉がいて、天下を操ろうとしていることは明らかでした。

やがて、三男信孝擁立派の柴田勝家と対立します。それが一五八三年（天正一一年）の賤ヶ岳の戦いです。この戦いで秀吉は勝家を滅ぼし、信孝を自害に追い込みました。さて、そして前述の小牧・長久手の戦いです。これは秀吉・家康、生涯ただ一度の戦場直接対決の場です。この戦でも本多忠勝は家康のために、奮戦しています。忠勝はわずかな兵で秀吉の大軍と対峙し、主君家康を守るために一歩もひかない構えでした。戦場で奮戦する忠勝の姿を見て、秀吉は攻撃をやめさせたといわれます。敵将の心を打つほどの忠勝の働きだったのです。

一五九〇年（天正一八年）に始まる、秀吉による北条氏の居城小田原攻めでは、忠勝は徳川先鋒隊の中心となり、相模の玉縄城主、北条氏勝を説得し玉縄城の無血開城に成功しています。その後も、北条の城を次々と落城させました。

この働きに秀吉は、大切にしていた源義経の忠臣、あの『義経千本桜』の狐忠信のモデルの佐藤忠信の兜を与えたといわれています。そのとき、秀吉は言いました。

「そなたの功を広めたのは私だ。私と家康の恩、どちらが深い」

秀吉の家臣にならないかという遠まわしのヘッドハンティングです。忠勝は答えに窮します。

「秀吉殿のご恩は海よりも深い。しかし、家康殿は昔からの主ですので比べようがありません」

このほか忠勝は、信長からもお褒めの言葉をもらっています。

一五八二年（天正一〇年）、武田勝頼を天目山《てんもくざん》で自刃させた報告のため、信長に家康と共に安土城に招かれたときのこと。信長は家中の者に向かいこう紹介したと言い伝えられています。

「これは本多忠勝という花も実も兼ね備えた武士である」

滅多に人を褒めない信長の最上級の褒め言葉です。

秀吉、信長に一目置かれ、そして主君を天下人にまで押し上げた忠勝の絶頂期のことでした。

家康を天下人にする戦い

秀吉が亡くなり、次の天下人の座を巡り家康は動き始めます。最後の戦闘が近づきつつありました。

家康は会津の上杉景勝に謀反の疑いありとして出兵し、小山（栃木県）に陣を張りました。その時、石田三成挙兵の報が飛び込んできます。上杉景勝か石田三成か、どちらを先に討つべきか迷う家康に、忠勝は三成討伐を進言しました。

今後の方針を確認するために諸侯を集め軍議が開かれました。西軍と東軍とに分かれているとはいえ、どちらにも秀吉の家臣たちが含まれています。東軍の中の福島正則、黒田長政などは豊臣恩顧の武将です。また細川忠興、藤堂高虎といった秀吉ゆかりの武将たちもいます。

関ヶ原の戦いを、豊臣対徳川の戦いと思っている方がいらっしゃいますが、それは正確ではありません。実情は豊臣家臣団の中の勢力抗争だったのです。

小山の陣で、生粋の徳川の家臣忠勝は、東軍についていた豊臣恩顧の武将たちに三成挙兵の事実を伝えました。

「三成に味方しても恨みには思わぬ。どうするかは各自に任せるとは殿の仰せである。引き返したい者の邪魔はせぬゆえ、去就をお聞かせいただきたい」

忠勝は判断を相手に委ねます。

「家康公が秀頼様を大切になさると約束するなら、先陣をつとめてもよい」

福島正則が口火を切ると、他の諸侯もあとに続きます。これについては、事前に忠勝と正則、もしくは家康と正則らとの間で、合意があったのではないかという見方もあります。

一六〇〇年（慶長五年）九月一五日、天下分け目の戦いが今まさに始まろうとしています。東軍八万九〇〇〇。西軍八万二〇〇〇。総勢一七万一〇〇〇。

前夜からの雨が残り、深い霧が立ち込めていることもあり視界がききません。東軍は桃配山《ももくばりやま》を本陣として、福島正則と黒田長政が先鋒をつとめることになりました。大軍勢のうち豊臣の家臣が大部分。生粋の徳川勢は、ごく一部でした。戦いの途中に寝返る可能性もあるという寄せ集めの軍隊でした。

午前八時、いよいよ戦闘が始まりました。

一進一退の白兵戦。西軍の毛利秀元が陣を構える南宮山《なんぐうやま》から望み向かって左の場所に、忠勝の軍はいます。忠勝軍の兵は毛利の軍勢の動向が気にかかり、腰が引けていました。

忠勝はそれをみて、大声でどなったのです。

「毛利に戦うつもりがあるなら、山を下りて陣を敷いているはずだ。山にいるということは、戦う気がない証拠だ」

敵の行動を読み、タイミングよく活を入れたことで兵は勢いづきます。

昼を過ぎ三成の軍がじりじりと押されがちになり、窮地に陥った三成は狼煙《のろし》をあげさせます。これを合図に毛利隊と小早川隊が陣を出て攻撃を始めることになっていたのです。

しかし狼煙を上げたにもかかわらず、どちらの軍も動きません。家康の内応工作に応じて動かなかったのです。そのうち、小早川秀秋ははっきりと寝返ったのです。

西軍に動揺が広がり、それは同時に東軍を勢いづかせることになりました。

三成の軍が崩れ、残るは島津の軍だけとなります。島津義弘も退却を決意しましたが、すでに兵の半分を失い、周りは全部東軍です。退路を断たれた義弘は、なんとそのまま前進し、敵中突破の道を選びます。

退却する側の最後列の兵が、迫る敵に捨て身で抵抗して時間を稼ぎ、前方にいる味方の軍勢を少しでも先に進めようという「捨てがまり」の戦法をとったのです。最後列の兵が討たれても次の兵がでてきて敵を食い止めて、少しでも味方が安全地帯に逃げ込むことができれば成功です。

これをみた東軍は混乱しますが、忠勝はまったく取り乱すことなく、追撃を開始します。追撃をしながら忠勝は、満身創痍で落ちのびていく島津義弘軍の姿に、東軍勝利を確信したのでした。

家康を天下人にしたいという忠勝の夢は現実になりつつありました。

時代が必要とした新しい家臣

関ヶ原の戦いは誰もがご存知の通り東軍が勝つのですが、その陰に実は、家康が主力と恃《たの》んだ息子秀忠の軍が、信州上田で真田軍の猛抵抗に遇って遅参するという椿事がありました。東軍の豊臣系の武将たちの活躍によって勝利はしましたが、恩賞の配分に家康は苦労します。家康は西軍の大名の領地を没収はしましたが、それも含めて、領地の大部分を東軍の豊臣系の大名に与えざるを得ませんでした。従って生粋の徳川方の武将で、合戦で大活躍をした忠勝に対しても、加増はありませんでした。しかも上総大多喜一〇万石から伊勢桑名一〇万石へ転封されてしまいます。江戸から遠く離れた場所へ移されましたが、救いは次男の忠朝に大多喜一〇万石のうち五万石が与えられたことでした。

家康は、時代の変化を読む能力に長けているトップです。

領土を拡大する時代には戦闘能力に長けた人こそ重要で、だから忠勝は重用され必要な人材でした。しかし天下統一がなされた今、政策実行能力のある官吏こそ必要な人材です。それを読んだ配置だったのです。そして、それを忠勝も見抜いたのに違いありません。黙って桑名へ行くことを了承しました。

『本多忠勝』（ＰＨＰ研究所）によると、桑名城主になった忠勝は、城を補強し城下の整備を進めています。大山田川と町屋川の流れを引き込み、外堀として利用することで城の守りを鉄壁にしました。天下統一がなされても、まだ戦国時代を色濃く残した行動を続けたのです。

その姿に敵が息をのんだという迫力さながらに、城内を見回るときにも槍を離さなかったといわれます。蜻蛉切ほどの長さはなかったのですが、忠勝にとっては手になじんだものだったに違いありません。一六〇四年（慶長九年）目を患ったことを理由に、忠勝は隠居を願い出たのですが却下されています。隠居が認められたのはそれから五年後のことで、ようやく嫡男忠政に家督を相続することができました。そして翌年、忠勝は六三年の生涯を終えています。

主君家康を身体を張って守り、一生を家康に捧げた無骨で剛直で無愛想で生き方下手の、典型的な三河武士の最期でした。

そんな忠勝に関して、「幻に終わったちょっといい話」があります。

大坂城天守閣で『大坂夏の陣図屏風』のレプリカがたまたま展示されていた時のことです。これは高さが一・五メートル、幅というか横丈が三・六メートル。これが二双あわせて一組の屏風になっています。右から左へと時系列で描かれていて、右端に、これから攻め込もうとする家康が、屏風中央には大坂城が、そして左には戦火に逃げ惑う町民・農民の姿が描かれています。堀には溺れている人あり、地上には切られてしまった首が転がっていたり、兵士に陵辱されようとしている女の人もいます。まさに「戦国のゲルニカ」です。描かれている人物の顔の表情や筆のタッチ、色使いなどが明らかに違うので、これは複数の絵師の手によるものだということが分かります。

誰が描いたのかははっきりしません。でも、描かせた人は、どうも黒田長政説が有力です。あの、黒田官兵衛の息子です。で、私が大阪城天守閣に行ったその日は、小中高校生の見学で一杯でした。引率の先生がおっしゃっています。「大坂城の下あたりの白馬に乗ってる人。あれ、真田幸村や。あの右端近くのオッサンは家康。家康の隣にいる鹿角の兜のオッチャン、本多忠勝。徳川四天王の一人やで」

生徒の何人かはメモをしきりにとっていましたし、私も「へぇー」と感心して、その忠勝、といわれた人物を注視しました。口下手で、弁解も一切言わないこの三河武士は、乾坤一擲、最後の最後に清水の舞台から飛び降りるつもりで「俺も描いてくれ」と長政に頼んだのかもしれません。「自分の勇姿を後世に残したい!」。そう思うと、自然に頬がゆるんできたのです。でも後日、何気なく本多忠勝のことを事典で引いていたら、彼はこの大坂夏の陣の四年半ほど前に、既に死んでいたことが分かりました。「ちょっといい話」は幻に終わりました。人の話を鵜呑みにしてはいけない。必ず一度自分の手作業で整理しなおすことの重要性を再確認したのでしたが、同時に、何とかしてあの日の「引率の先生」にお会いしたいものだ、と思ったことでした。

その「引率の先生」にはまだ会うことはかないませんが、こういう勘違いや思い込みは誰にでもあるものです。たとえば、毛利元就の、あの「三本の矢」の有名な話。私は、ずっと、元就が臨終の席に三人の息子を呼んで行なったパフォーマンスだと、つい最近までそう信じ込んでいました。ある時、何気なく毛利家年表を見ていたら、元就の死の八年も前に、長男隆元は死んでいるではありませんか。考えてみれば、臨終の床についている今にも死にそうな老人が、「一本の矢をやにわに取ってこれをへし折り、次に三本の矢を取って折ろうと試みる」などという力業を発揮しようと発想するはずもないのです。完璧な私の思い込み、勘違いだったのです。

ところで、忠勝の話に戻りますが、このあと忠勝は絵師に肖像画を描かせていたことが分かりました。何度描いてもらっても気に入ったものが出来上がりませんでした。そして最後に描かせたのが、戦場で常に身につけていた大きな鹿の角で飾られた兜と黒い鎧に身を包み、肩をいからせ足を開き、采配を手にした関ヶ原での勇猛果敢な姿でした(千葉県立中央博物館大多喜城分館にあります)。九枚目にして完成した絵は、自分が最も力を発揮し輝いていた戦場での姿だったのです。余り自己主張をしないできたこの無骨な三河武士は、九回も自分の絵を描き直させていたのです。——やはり、自分の勇姿を後世に！　彼もまた普通の人間だった。その後見つけたちょっといい話です。

第五章

綿密な計算とアイデア　片倉小十郎に学ぶ「プレゼンテーション力」

独眼竜を決定した小十郎の刃

どんなにすばらしいアイデアや商品そして人物も、それが効果的に相手に伝わらなければ意味がありません。たとえ企画が良かったとしても、相手の心を打ち、感性を刺激しなければ意味がないのです。相手の性格を見抜き、何を欲しているかその情報を入手し、それを刺激するような企画を立て効果的にプレゼンテーションすることで、主君の命を救い主家の存続を可能にした人物がいます。

伊達政宗の「ナンバー2」片倉小十郎、その人です。

＊

片倉小十郎景綱《かげつな》は、出羽国米沢（山形県）にある成島八幡神社の神職、片倉景重の二男として生まれました。父母を幼い時に亡くしたため、長男は神職を継ぎましたが、二男の小十郎は親戚に養子に出されています。しかし、その家に実子が誕生すると家を追い出されるというさびしい幼少期を過ごしました。その後小十郎は母の連れ子であった二〇歳近く年上の姉、喜多に養育されています。喜多はのちに、梵天丸《ぼんてんまる》（のちの政宗）の乳母も務めているほどの女性でした。優しい、しかし胆《きも》のすわった女性だったと言われています。

小十郎に転機が訪れたのは、一五七五年（天正三年）のことです。この異父姉喜多の働きもあったのでしょう。本家の兄の子景次《かげつぐ》が病弱だったこともあり、代わりに伊達輝宗の小姓として使えることになったのです。これがきっかけとなり、のちに輝宗の嫡子政宗の傅役《もり》（養育係）として出仕がかないます。政宗九歳、小十郎は一〇歳年上でした。

武士とはまったく関係のない家に生まれながら、縁により政宗の傅役からやがて軍師として生涯を通じて政宗を陰に日向に支えた小十郎は、主君政宗と伊達の家を守ったかけがいのない「ナンバー2」でした。

ところで政宗は独眼竜の異名の通り、右目を覆う黒い眼帯がトレードマークの武将です。疾風の如く奥州を駆け抜け、最後の最後まで天下取りに野心を燃やします。見る人に強く印象を与えるこの「独眼竜」の誕生に、実は、この小十郎が深くかかわっています。

一五六七年（永禄一〇年）八月三日、米沢城で政宗は生まれています。幼名、梵天丸は、五歳のとき天然痘（疱瘡）を発症し右目が飛び出し視力を失いました。

こんな話があります。これは元静岡大学教授の小和田哲男さんが番組収録のあとの食事の席でお話して下さったものです。その速記録がいまあるわけではありませんから、一字一句正確にとはいきませんが、概略は次のようなものでした。

「梵天丸がある日、家臣たちに『飛び出した右目を小刀でえぐってくれ』と頼んだ。家臣は怖じ気づいて誰一人名乗りをあげる者がいない。その時小十郎が進み出て、小刀で梵天丸の右目を突いた」と。

もっとも、これとは別に、小十郎がもっと積極的に率先して関与した、という説もあって、小十郎が大勢の家臣の前で梵天丸に「戦場で敵に目をつかまれたら、どうなさる」と聞いた。自分のウィークポイントを指摘された梵天丸は怒りの余り、何も言えない。小十郎はそんな梵天丸に「いっそ、今、切ってしまいましょう」と言う。凍りつく家臣達。しかし梵天丸は自分の小刀を小十郎に渡し、「切れ」と言った。小十郎はその小刀を受け取り、平然として梵天丸の右目をえぐった、というのです。話の信憑性は、この際、重要なファクターではありません。

小十郎の梵天丸への愛情と信頼に基づいた行動でした。梵天丸の非凡の才を見抜いた小十郎は、時には優しい兄のように、時には厳しい父のように接しました。いつしか二人は強い絆で結ばれていきます。

政宗のトレードマークの黒い眼帯姿はいつからなのか、定かではありませんが、そのもとを作ったのは小十郎だったのです。

このことに関連して思い出すのは東北大学の平川新《あらた》教授が『その時歴史が動いた』にゲスト出演してくださった時、控え室での雑談の中で出て来た話です。

「中国の唐の時代、李克用という人物がいた。李克用は政宗と同様、地方出身（突厥）の武将で、天下を狙っていた。彼は黒装束で固めた軍団を持ち、それが滅法強く、しかも彼の片方の目が極端に小さかったので、独眼竜と呼ばれていた。それを知った政宗は、その独眼竜の名前ばかりか、眼帯も自分の軍団のチームカラーも黒にするこだわりを見せた」――という話です。政宗は、書や宣教師を通して、洋の東西を問わず、諸外国の事情に精通した大文化人だったのです。

危機を救うとっさのアイデア

政宗の非凡さは、梵天丸時代から群を抜いていたと前出の小和田先生は、こんな話もして下さいました。

梵天丸五歳の時の寺詣の際、梵天丸は不動明王を見て「これも仏か」と僧に聞きます。僧が「恐ろしい顔をしているが仏です」と答えますが、梵天丸は納得しない。僧はさらに「全ての仏が優しい顔をしているわけではない。不動明王は悪を懲らしめるために、こんな恐い顔をしているのです」というと、梵天丸は納得したというのです。

わずか五歳でよく納得したなぁ、とお思いになるかもしれませんが、「話」というのは、多かれ少なかれ「そういうもの」です。さっきも言いましたが、この種の挿話の類は、現代人は誰も「その場」に居合わせなかったのですから、目くじらをたてて話の正誤を論ずるよりも、その話を、その人の人となりを補強し、判断するエピソードのひとつとして捉えることの方が合理的だと思います。従って、この話も、ここから政宗の大器ぶりを表わす「片鱗」を読み取れば、それで十分だと思います。

それにしても小和田哲男さんから番組収録のあと、盃を傾けながらこの種の話をうかがうのが好きでした。好きというより、何というシアワセ、と毎回思っていました。小和田さんは大学教授ですから、番組ではきちんと裏付けがとれていることだけを整然とお話になるのですが、番組収録終了日の夜は、この種の話をよくして下さるのです。私を歴史好きにして下さった大恩人のおひとりです。

梵天丸が元服し、政宗と名をあらためたのが一一歳の時。そして、父輝宗が四一歳の若さで隠居したことに伴い、政宗が伊達家当主になったのは一八歳の時でした。この若き当主政宗と参謀小十郎の新しい二人三脚がここから始まります。

翌年には蘆名《あしな》氏の領地、会津檜原《ひばら》（福島県）に侵略をしています。この地は、父の輝宗が何度か攻略に失敗している因縁の地でした。政宗はこの困難にあえて挑む決心をしたのです。このとき小十郎は政宗に、敵方に内応者を作るように進言しています。小十郎は外交面にも優れた能力を発揮しており、自身も情報収集や情報操作を自在に行なっていました。

同じ年の一一月、人取橋の戦いに向かいます。

政宗の父を拉致して殺害した二本松城主の畠山義継を討ちとるために挙兵、義継を討ってとります。義継の子、国王丸も「父の仇」と政宗に挑みます。このとき国王丸一一歳。父が討ち死にしたことを知ると、「仇を討つ」とすぐ城から駆け出した、という話があるほど、気概のある少年でした。この幼い当主を中心に畠山軍の士気は上がります。これを機に佐竹氏や蘆名氏が畠山軍と連合して攻撃を仕掛けてきます。「もうこれ以上、伊達氏の南下を看過するわけにはいかない」という共通の目的がありました。連合軍三万に対して、伊達軍はわずか八〇〇〇。数では圧倒的に負けでした。

この人取橋での戦いは、「留守中に里見氏が佐竹氏の所領、常陸に攻め込む」という情報に、佐竹軍が急に戦線を離脱したために政宗が勝つのですが、この里見氏にそのことをわざと進言したのが、小十郎だったとも言われています。

相手の性格を読んだ死装束

政宗は幾度となく命ばかりか、家の存続についても小十郎に救われています。

本能寺の変の後、明智光秀を討ち取った秀吉は天下統一にむけて着々と布石を打っていきます。関白にまでのぼりつめた秀吉は、その関白権限で、全国の大名たちに「私戦禁止」の命令を出していました。政宗は一五八九年（天正一七年）に、宿敵蘆名氏の領土に攻め込み、摺上原《すりあげはら》というところで、奥州最大の戦をしたのでしたが、これがまさにその「私戦」にあたる「命令違反！」と、秀吉は、この戦に勝って政宗が奪った蘆名氏の領土、会津を元に戻せ、と迫ります。

政宗は、それを無視していたのですが、同じ頃、秀吉のこの「命令」を無視していた大名がいました。小田原の北条氏です。四国、九州と平定し、次はいよいよ関東にターゲットを絞った秀吉は、この北条氏を討つことを決め、一五九〇年（天正一八年）三月一日、大軍で東に向かいます。

その時、政宗にも参戦するよう促し、参戦すれば、会津は「そのまま」でいい、という条件まで出します。秀吉の小田原攻めに加担するか、無視して独自で関東進出をするか政宗は悩みます。考えているうちに時間ばかりが経過しました。この時、参戦を強く主張したのが小十郎でした。

「いま、秀吉を敵に回しても全く勝ち目はありません」

この小十郎の説得に政宗は三月九日、参戦を決意するのですが、実際の参戦はこのあと、ずっとずれ込むことになります。それは藩内事情もありましたが、このころ政宗は実母から毒殺されそうになるという不可解な事件にも巻き込まれるのです。小林清治氏の『伊達政宗』（吉川弘文館）によると小田原に出立する準備を行なっていた一五九〇年（天正一八年）四月五日、政宗は、実母の居城に招かれます。そこで、夕食をとると毒を盛られており、激しい腹痛が起こります。直ちに飲んだ解毒剤のおかげで、政宗は一命を取りとめましたが、実母が政宗を殺害し、弟の小次郎を当主にしようと考えたため起こした事件といわれています。

これにより、小田原参戦は予定よりもさらに遅れ、到着も六月にずれ込みます。小田原攻めは山場を過ぎ、今さら参戦しても仕方がないところに至っていました。参戦せよとの再三の要請に対し応じない政宗に、秀吉の機嫌はかなり悪くなっています。今さら顔を出しても切腹か、あるいは改易を覚悟しなければならない状況でした。

当然、政宗が到着しても秀吉は面会さえせず、政宗を箱根山中で謹慎させていました。この危機を脱する秘策を小十郎は必死に考えます。そして、秀吉の性格に訴える作戦にでたのです。

六月七日に、秀吉は問責するための特使として前田利家と浅野長政らを派遣しました。政宗は小十郎とともに、綿密に練り上げた回答を披露しています。遅参した理由について、あくまでも父の弔い合戦がおこり、周辺諸国と緊張関係が続いたため、とても出てこられる状況にはなかったと論理的に説明しました。

そして、これからが小十郎の知恵の見せ所です。

いよいよ六月九日、謁見の日。

陣に入ってきた政宗をみて、多くの人の目が釘付けとなりました。髷《まげ》を落としたままのザンバラ髪で、甲冑の上に白の陣羽織を羽織った死装束のいでたちだったのです。

「政宗は死を覚悟してござる」ということを、秀吉に強くアピールしたのです。

秀吉は政宗に近づくと首のあたりを扇でたたき、「もう少し遅かったらここが危なかったのう」といって、初めて笑ったと伝えられています。

これは度肝をぬく芝居がかった演出が嫌いではない秀吉の性格を計算して考え出した窮余のアイデアによる小十郎のプレゼンテーションです。恭順の意をビジュアルで見せたのです。家康の存在を思う時、今後のことを考えれば、家康の背後にいる政宗を、秀吉はそう簡単には殺せまい、というのが小十郎の読みでした。

政宗はなんとか命は助かり、会津、岩瀬、安積《あさか》の三郡を没収されるだけで済みました。

それから8か月後、前出の小林清治氏の『伊達政宗』によると、政宗は再び死装束で秀吉の前に現われることになります。

これも相当ビジュアルなデモンストレーションでした。みちのく伊達政宗歴史館（宮城県松島町）には、その行列の様子を等身大のろう人形で再現したものが展示されています。

さて、京の都大路を金箔の磔《はりつけ》柱《ばしら》を先頭にした行列がしずしず歩いていきます。その後ろに、白装束をまとった政宗が馬上に揺られていました。

「俺は政宗だ。政宗ほどの人物が磔になるのなら、その磔柱は普通のものでは役不足。磔柱にも器量あり。金の柱を使うべし」

金の磔柱を背に白装束で都大路を歩かざるを得なくなったのは、奥羽で発生した大規模な一揆を政宗が裏で糸を引いているとの疑惑があったためです。伊達の家臣が、「政宗に謀反の疑いあり」と密告したのでした。

その証拠として、政宗が一揆を企てた人に対してあてた檄文があり、しかもそれには政宗の花押《かおう》が入っているらしいといいます、仮に花押入りとなれば、もはや逃げ隠れできません。

都大路で決死の覚悟をアピールした数日後、秀吉と対峙しました。目の前には、花押入りの書状がさしだされます。山岡荘八著『伊達政宗』（講談社）にはこのくだりが次のように書かれています。

文書を目にした政宗は、

「よく似ておりますが、わたくしのものではございません」

即座にはっきりと否定しました。

政宗の花押は鳥の鶺鴒《せきれい》を意匠化したものでした。

「このようなこともあろうかと、私は鶺鴒の目の部分に小さな穴をあけております。しかし、これにはありませぬ」

差し出した手紙や文書には、なるほど、眼の部分に小さな穴があいています。これを考え出したのも小十郎でした。しかし、秀吉の手にある書面の花押には穴が開いていません。これには秀吉も納得せざるを得なかったのです。

政宗をすんでのところで救う緻密な計算と意表をつく作戦。小十郎は、奇抜なアイデアでも何度も政宗を救っています。

伊達者の面目躍如

最高のお膳立てをしても、演ずる役者が一流でなければ成功はおぼつきません。命をかけたプレゼンテーションなので、生半可な役者ではつとまらないのです。

その点において、政宗ほどうってつけの人物はいませんでした。大将としての器量があり、論理的に意見を述べる言葉も持っています。それに加えて、もともと外にアピールすることが好きだったのです。

それが戦の装束にも表われています。

天下統一を成し遂げた秀吉が、次に狙ったのが大陸進出でした。その足がかりにすべく朝鮮半島に出兵を決めています。反対する重臣もいましたが、耳を貸さず一五九二年（文禄元年）最初の兵を朝鮮半島に送りました。

前年に出兵を言い渡された政宗は、騎馬三〇騎、鉄砲一〇〇挺、槍一〇〇などを用意、翌年岩出山城を出陣し、三〇〇〇人余りの軍勢をひきつれて京都に入りました。

軍団を見た京都の人々は度肝を抜かれたのです。

その一団がまばゆいばかりに黄金色に輝いていました。前出の小林氏の『伊達政宗』によると、騎馬の武将は黒い母衣に金の半月印をつけ、刀も金色。馬鎧には虎や豹などの毛皮を飾っていました。歩兵も、黒をベースに金色の飾りのある具足をつけ、歩くたびに日が反射して輝きます。頭には金色のとんがり帽子をかぶっています。輝く軍団が三〇〇〇人も続きました。仙台市博物館には、当時をしのばせる装束の一部が展示されています。

この異風には日本人も驚かされましたが、おそらく朝鮮半島でも好奇の目をもって見られ、伊達軍はひときわ目についたに違いありません。派手な装いを好み、うまく着こなす人を「伊達者」と呼んだりしますが、由来はこのときの伊達軍団の豪奢ないでたちから来ているといわれます。

その軍団を率いる政宗の、大きく輝く三日月の前立をつけた兜をかぶって颯爽と馬にまたがる眼帯姿は、まさに絵になる武将姿。見せることを意識していたからこその役者ぶりだったのです。

五万石を辞退したナンバー2の忠誠

政宗と小十郎は一〇歳の年齢の差がありました。小十郎が年上です。この年の差があったから、政宗は反発することなく小十郎の意見に耳を傾けることができたと思います。でも「ナンバー2」が父親ほど年上だと、その意見は説教のように鬱陶しく感じる場面もあることでしょう。逆に「ナンバー2」が年下の場合、黒田官兵衛は秀吉の一〇歳年下でしたが、一〇歳より年下では、時にトップの暴走を抑えきれないかもしれません。年上も年下も一〇歳位までが限度。その意味でいえば、政宗、小十郎は、ちょうどいいこの年の差が、二人の関係をお互いにとってかけがいのないものにしたともいえます。このいい関係は、小十郎が臨終の間際までずっと続いたのです。

小田原参戦が遅くなったことに対する処遇が決まったあとで、秀吉が小十郎に声をかけます。

「相馬田村五万石の大名に取り立てるからわしに仕えないか」

せいぜい五〇〇〇石の小十郎を一〇倍の石高の大名に取り立てるという、秀吉直々のヘッドハンティングでした。本多忠勝の時にも秀吉はこのヘッドハンティングを試みていますが、これによって彼らの主君の力量を推し量ろうとしたのかもしれません。

秀吉は人の気持ちを取り込む天才で、うまく人材を引き抜いて家臣としていました。成功した例も、失敗した例もあります。秀吉の家臣の石川数正、竹中半兵衛、黒田官兵衛などは、もとは他家にいた武将です。それが秀吉の部下になったのですから、これは成功した例。

しかし、小十郎は「主君は政宗公一人」とその申し出を断っています。ですから、この小十郎は、前出の忠勝とともに、秀吉がヘッドハンティングに失敗した例です。

最後まであきらめない天下獲りの野望

政宗は遅れてきた天下人と評されることがあります。信長は天下人一歩手前、秀吉・家康は天下人になりましたが、政宗は年齢的にも世の中の情勢から見ても、冷静に見れば遅いと言わざるを得ません。

しかし、政宗本人は決して「遅れてきている」とは思っていません。むしろ最後の最後まで天下人への野心を燃やし続けました。のちほど詳述しますが、国内が駄目なら外国の力を借りようと、スペインとローマ法王の力を背景にして天下統一を図るべく、ヨーロッパに支倉常長《はせくらつねなが》を派遣します。しかし、支倉が帰国し「スペインとの同盟とローマ法王の援軍は難しい」との報告を聞き、ここで初めて「天下獲り」を、断念しました。

しかし、それまでは野心を持ち続けていたのです。

秀吉が病没し、家康が台頭し始め、ついに関ヶ原の戦いが起こります。全国の諸大名が関ヶ原にあつまり、合戦を繰り広げました。

政宗は関ヶ原には出陣せず、奥州で上杉景勝を抑える役目を務めています。

関ヶ原開戦直前の一六〇〇年（慶長五年）六月一六日、上杉に害意あり、と家康は上杉討伐に東に向かいます。しかし、上杉とぶつかりあう前に、その手前の栃木県の小山に逗留します。この、小山逗留中に家康は石田三成が挙兵したとの報に接します。家康は上杉に背を向けて西に向かいます。

するとそれまで動かなかった上杉の軍勢が、突如、山形の最上領に侵攻し始めます。山形城の最上義光から仙台にいた政宗のもとに、援軍の要請がきます。当時最上家には、政宗の母である義姫が身を寄せていました。

「山形城は見捨てるべきです。上杉と最上を戦わせて疲弊させ、どちらも討ちとって山形をわがものとしましょう」

小十郎は言います。しかし、毒殺されかけても母を見殺しにはできず、政宗は山形に援軍を派遣します。戦況は一進一退を続けていました。

膠着状態が続くと思いきや、上杉軍が突如引きあげ始めます。関ヶ原での家康軍の勝利を聞いたうえでの退却でした。

上杉を抑えるという役目を果たした政宗でしたが、その一方で家康派の武将領で一揆を煽動し、その領地を自分のものにしようともしました。しかしこうしたことは戦国武将の常だと私は思います。少しでも可能性があれば、そこを全力でとりにかかる。その時出来ることは、みんなとりあえず、やっておく――これが当時の武将の「正しい生き方」だったのだと思います。しかしそんな「一揆煽動疑惑」もあって、政宗は家康から猛烈な経済制裁を受けます。でも、それがあったから、のちの「海外構想」も浮かんだのではなかったか、そこにも小十郎の影があったのではなかったか、「なかった」とは言えないと私は思っています。

関ヶ原戦から三か月が過ぎ、政宗は秀吉から与えられた岩出山城を出ます。家康の許可を得て新しい居城、仙台城築城の工事に取り掛かりました。仙台を見下ろし、広瀬川が濠《ほり》の代わりとなる場所に新しい城を造っています。天下をねらう野望は、ここにも表われています。

遣欧使節の密命

名実ともに徳川の天下になったのですが、政宗はここに及んでも天下人への野心を持ち続けていました。

一六一三年（慶長一八年）、政宗は家臣の支倉常長を慶長遣欧使節としてスペインとローマに派遣しています。目的は宣教師の派遣と通商を行なうことだったといわれていますが、実は真の目的は他にあったと私は思います。当時世界最強といわれたスペインと軍事同盟をむすび、ローマ法王の後ろ盾をもらえば、日本の天下をにぎれるのではないかと考えたのです。このためスペイン国王には親書も送っています。

使節は、支倉常長らの政宗子飼いの仙台藩士、それにフランシスコ会の宣教師ソテロ、スペイン人の貿易商ビスカイノのほか、日本人の商人など合わせて総勢一八〇人ほど。大型船でヨーロッパに向けて出港しました。当時はすでに切支丹禁止令がでており、さらに大型船への乗船についても禁止されていたのですが、それを一切無視しての遣欧です。もしかすると、家康も政宗の目的に勘づいていたかもしれませんが、なぜか、それに対する措置を取ってはいません。

政宗の腹づもりとしては、慶長遣欧使節が持っていった政宗の親書をスペイン国王が受け取り、ローマ法王が認めれば日本とスペインの間に国家間条約が成立します。それを後ろ楯に、徳川幕府を転覆できると考えたようです。

これは全く根拠のない話ではなく、当時仙台に住んでいたイタリア人宣教師が、使節派遣の目的は徳川への謀反だと書き記した書簡が残っています。

しかし、政宗の思惑通りにはことは運びませんでした。

「キリシタン弾圧の国からの使者」ということで、ヨーロッパでは歓迎されることもなく使節団は帰国します。出発からすでに七年の歳月が流れていました。帰国した支倉からその報告を聞いて、初めて、政宗は天下人になるという夢を断念します。

主君を支え続けた生涯

慶長遣欧使節派遣の翌年の一六一四年（慶長一九年）から、大坂の陣で家康は豊臣家征伐に乗り出し、一六一五年（慶長二〇年）大坂夏の陣で、豊臣秀頼を自害させ、これで豊臣家のＤＮＡは絶たれました。これに徳川方で参戦した政宗は、恩賞として長男の秀宗が宇和島一〇万石の大名にとりたてられています。しかし、この戦いに小十郎の姿はありませんでした。病の床に伏せっていたのです。

『伊達政宗と片倉小十郎』（ＰＨＰ研究所）によると、出陣に先立ち政宗が白石城に小十郎を見舞いの手紙を送っています。

「もしそなたの命が尽きたら、息子の重長を大事に召し抱えよう」

その親書を病床で読んだ小十郎は満足して、五九年の生涯を終えています。政宗に仕え、そばから離れることなく生きた側近中の側近の一生でした。

夏の陣では、息子重長が先陣をとりました。重長は縦横無尽に敵を攻撃し、その目覚ましい働きから「鬼小十郎」と怖れられる武将でした。

伊達家は六二万石の大名として徳川の時代も生き残っています。

伊達者といわれ、派手で粗野なイメージのある政宗でしたが、実は美術、工芸、能、猿楽といった文化にも造詣が深く、天下泰平の世の中を迎えると文武両道の武将として知られ、以後四〇〇年近く仙台に根付く伊達文化の基礎を作ります。それを支え続けたのが「ナンバー2」の片倉小十郎だったのです。

「ナンバー2」には二つのタイプがいます。もちろん、これは「ナンバー2」だけ、あるいは「戦国武将」だけが抱える問題ではありませんが、ひとつは「利より義」を重んじるタイプ。もうひとつは「義より利」のタイプの人です。これは「善悪」の問題ではありません。個人個人の「好悪」の問題です。

どちらも「一生懸命に生きる」ことには違いないのですから。どちらもそれぞれに「大事な生き方」です。そして、「利よりも義」のタイプがこの片倉小十郎でしょう。秀吉が一〇倍の俸給を提示して自軍への移籍を頼んだのに、「主君は政宗公一人」ときっぱり断ったくだりは前に触れました。同じく秀吉のヘッドハンティングを断った本多忠勝も、義を重んじるタイプです。

信長か、朝倉か、を迫られた時に、信長に勢いが出始めたことを知りながら、あえて、祖父から三代続いた誼《よしみ》の方を優先して朝倉方につき自ら滅亡した浅井長政もこのカテゴリーに入るでしょう。

一方、いっときの武士道の美学に殉じて我が身だけでなく家臣団をも朽ち果てさせるより、家臣のために、家名を長く続かせるために、あえて名を棄てて実をとる道を選ぶ人だっているでしょう。このタイプの代表が次の「藤堂高虎」と「細川幽斎」です。この二人をこれから見て参ります。

第六章

技術で昇給を勝ち取る　藤堂高虎に学ぶ「転職力」

戦国史上最高の昇給率

終身雇用が崩壊しつつある現在、日本人もパフォーマンスを武器にステップアップする外資系型転職をする人が増えています。その場合、人に負けない技術と求められる成果をあげる能力を有していることに加え、もうひとつ雇用側のトップが自分を使いこなせるだけの人かどうかを見極める目を持つことも必要です。

近江の地侍から三二万石の大名にまで上りつめた藤堂高虎は、まさにそれを実践した人でした。

藤堂高虎は浅井《あざい》長政、阿閉貞征《あつじさだゆき》、磯野員昌《かずまさ》、織田信澄《のぶずみ》、豊臣秀長、豊臣秀保《ひでやす》、豊臣秀吉、徳川家康、徳川秀忠、徳川家光の実に一〇人の主君に仕えました。あとで詳しく触れますが、この二人目までは無給。三人目の磯野が初めて俸給をくれました。初任給は八〇石。それが最終的には徳川幕府の下、伊勢・伊賀を治める三二万石の藩主にまで出世しました。昇給率は実に四〇〇〇倍。自分の目的を遂げるに最適な主君を求めて転職を続けた高虎は、外資系型転職の元祖と言えるかもしれません。

＊

高虎は一五五六年（弘治二年）近江国犬上郡藤堂村（滋賀県犬上郡甲良町）の地侍の藤堂虎高の次男に生まれています。農繁期は土地を耕し収穫を行ない、農閑期には戦場で戦う半農半士で、合戦となると支配する大名の陣で働き褒美をもらう、あるいは家臣になることを目指していました。

高虎の初陣は一五七〇年（元亀元年）、浅井長政軍の一員として参戦した姉川の合戦です。しかし、戦いは浅井側が敗けて長政は自刃したため、高虎は一人目の主君のもとは、必然的に去らねばならぬことになります。

次に向かった二番目の主君は、浅井の城にごく近い、やはり近江の城主阿閉貞征でした。高虎は身の丈六尺二寸（約一八八センチ）の筋骨隆々の血気盛んな大男だったといわれ、ある時、家中の裏切り者二人を始末するよう命じられ、高虎は難なく討ちとりましたが、ここでも知行が与えられることはありませんでした。未だに無給の足軽です。だから、といってもいいでしょう、今度は彼はこの阿閉家を自発的に出ます。

続いて織田信長の家臣である磯野員昌に仕えました。

このとき高虎はやっと正式に召し抱えられ、八〇石の知行を与えられています。初陣から三年で知行取りの夢を果たしました。しかし、磯野員昌は織田信長の甥である信澄を養子として迎えており、員昌が死去すると主君は信澄となりました。高虎は明智光秀の丹波攻めの一員として戦い活躍するものの、知行は八〇石から上がりません。功績は認められ側近に昇進したのですが、給料は据え置きのまま。外様だったことも関係しているかもしれません。

そこで、高虎は知行と織田の家名もあっさり捨てて再び浪人になります。

「数年昼夜奉公しても、気づかない主人であれば、代々仕えた主君であっても暇を取るべし、うつらうつらと暮らすのは意味がない」——これは後に詳説しますが、高虎遺訓二〇〇か条の一つです。

そして豊臣秀長に仕えることになります。

秀長は秀吉の弟で、長浜に城を築き広く家臣を求めていました。戦に自信のある高虎は、ここで存分な働きをすれば出世のチャンスをものにできるのではないかと考えたのです。秀長は三〇〇石の知行で高虎を召し抱えます。初任給のほぼ四倍へ昇給です。

「ナンバー2」に学ぶ生き方

秀長は秀吉の弟であり、秀吉を支える「ナンバー2」の一人でした。秀吉のために働き、上に出ようなどとは一切思うこともなく誠心誠意仕え、後ろで支えることに徹しました。二一歳の高虎はそれを間近で見ていました。

温厚な人柄で兄の補佐役に徹した秀長は、諸大名からも頼りにされています。秀長を評した大友宗麟の言葉が『大友家文書録』に残されています。

「内々の儀は宗易（利休）、公儀のことは宰相（秀長）存じ候」

秀長は人格と手腕により内政や折衝ごとに特に大きな力を発揮し、不協和音の多い豊臣政権の重しとなって調整したことがうかがえます。こうした秀長の生き方を見たということが、高虎のそれからの人生に大きな影響を与えたのではないかと思われます。ここで学んだナンバー2の生き方が、その後の主君への仕え方に活かされていたのです。

この秀長のもとで高虎は中国遠征に出陣しています。播磨の三木城を攻め、続いては因幡の鳥取城を攻めました。

鳥取城で秀吉は兵糧攻めを行なっています。

小松哲史氏の『〈人使い〉の極意』（新潮新書）によると、ここで高虎は、鳥取城を取り囲む約一〇キロにわたる網をはりめぐらせ、夜にはかがり火をたいて誰も通ることができない監視体制を敷きました。

因幡のあとは備中です。秀吉は高松城では水攻めを行なっています。黒田官兵衛の提言でしたが、彼は城の周囲七キロを堤防で囲み、近くの川から水を引きます。この工事でも高虎の活躍が光りました。

安土城の築城の時、縄張り奉行は秀吉でしたが、高虎は秀長配下の石奉行として数百人を指揮して石垣をつくりました。高虎の出身地の近江は、穴太衆《あのう》という石工の専門集団がいます。彼らは大きな石を切り出し、小さく平らな塊にする技術を持っており、城の石垣づくりには欠かせない人たちでした。築城に欠かせない技術集団を持っていたことも、後年高虎が日本で三本の指に数えられる城作りの名手となる要因となりました。あとの二人は加藤清正と黒田長政です。高虎はさらに攻められにくい築城の技術を身につけ、それを売り物にして更なる飛躍を期することになります。

秀長のからんだ戦で、懸命に働いた高虎は、大和大納言になった秀長から一万石の大名にとりたてられました。三〇歳のことでした。そしてその二年後、秀吉の九州征討で島津軍と戦います。その活躍により給料は倍増、三二歳で紀州粉河《こかわ》二万石の大名へと出世したのです。

しかし一五九一年（天正一九年）一月、秀長が郡山城で病死しました。男子がいなかったため、甥の豊臣秀保を養子として迎え、家督を継がせています。しかし、その秀保が一五九五年（文禄四年）に突然亡くなったため、ついに大和郡山豊臣家は断絶します。

子どものいなかった秀吉は甥の秀保や秀次を重用してきました。特に秀次は、秀吉から「関白」を引き継がれたのですが、一五九三年（文禄二年）に秀頼が生まれると、秀吉は手の平を返したように秀次につらく当たります。秀次は「関白」剥奪されるのみならず、謀反の疑いあり、と切腹させられてしまうのです。その謀反に加担したと思われたのが高虎でした。このままでは我が身が危ないと、高虎は秀長、秀保を弔うという名目で髷《まげ》をきり高野山に入ります。はたして、秀保や秀次に仕えていた他の家臣は謀反に関わったとして処刑されてしまいました。

しかし、さすがの秀吉も高野山の高虎には手がだせませんでした。何人もの主君を見てきた高虎独特の「生き残るための勘」がこのときも冴え渡りました。

「公、高野山に退隠の間百余ヶ日、家中の士、離散せず」

高虎が高野山に籠ってしまって一〇〇日以上経つが、家臣は離れることなく城をまもって結束を固くしていたと、『藤堂藩史』に記されています。

その後高虎は、その築城の才能を惜しんだ秀吉になんとわざわざ召しだされて、直臣として一五九五年（文禄四年）伊予国宇和島七万石に封じられています。

しかし、その天下人秀吉も一五九八年（慶長三年）亡くなってしまいます。

家康の心を捉えた築城術

さて、時計を少し逆に回して、一五八四年（天正一二年）、秀吉と徳川家康・織田信《のぶ》雄《かつ》の連合軍が激突した小牧・長久手の戦い。

これは、先述のように秀吉と家康の生涯ただ一度の戦場直接対決です。戦いは初めの段階で家康軍が勝利し、家康はさっさと兵を引きあげてしまいます。「戦場直接対決」とは言っても、川中島の信玄、謙信の一騎打ちのような大将同士の直接対決ではなく、徳川四天王の一人、榊原康政らの家康軍が、秀吉軍の池田恒興軍団に勝ったというもので、大将同士は無傷のままです。従って、信長家臣団の中で真っ先に明智光秀を倒し、仇を討った秀吉の「威光」は少しも揺らぐことはありません。家康との勢力比は全国的に見れば少なくとも七対三ぐらいの開きはあったでしょう。しかも秀吉は、以後、強敵家康軍を敬遠し、その強い敵家康軍の弱い味方、つまり、織田信雄軍を狙うようになります。その結果、秀吉はこの戦いを、最終的には講和に持ち込んだのです。秀吉は天下人として階段を駆け上っていた時であり、家康になんとか挨拶に来させようとしましたが、勝った者が、なぜ負けた者にわざわざ挨拶に行かねばならぬのか、と家康はその要請を拒みます。

そこで秀吉は一計を案じ、他家に嫁いでいた妹の旭（朝日）姫を無理やり離縁させて、家康の妻として遣わしました。人質です。当時家康は妻子がいなかったこともあり（信長から、家康の正室築山殿は信玄のスパイではという嫌疑をかけられ、息子信康とともに自死に追い込んだのです）、旭姫との結婚話は受け入れますが、それとこれとは別と、秀吉のもとに挨拶にはいきませんでした。

ならばと、秀吉は自分の母親を家康のもとに送っています。妹に加えて、母親まで人質として差し出されて、いやと言ったら、「人の道を知らない者」と、家康に非難が集中する——そう思った家康は、ついに大坂に行くことにしました。なにせ急なことなので、とりあえずは秀吉の弟の秀長の屋敷が家康の宿所になりました。家康が着いた一〇月二六日の夜。秀吉はこっそりとその宿所を訪ねます。これは『徳川実紀』に書いてあるのですが、当時、あの秀吉が、夜、単独行動で居所を離れるなんて考えられませんから、これも相当眉ツバものですが、でも、話は面白いので、もう少し続けます。

家康の部屋に入った秀吉は、長旅の疲れを労ったあと、「明日はどうか自分の面目が立つようにしてほしい」と、「耳もとに口を近づけてささやいた」といいます。そして翌日、家康は登城します。以下は『名将言行録』から採録。並み居る諸大名の真ん中に着座する家康。やがて上座に秀吉が現われる。秀吉の家臣が「徳川三河守」と声をかける。前夜秀吉がわざわざ頼みに来て秀吉の面目をたててと頼んできたのはここだなと思って仕方なく頭を下げる家康。その刹那、秀吉、張りのある声でひとこと。「上洛大儀」。これによって満座の大名は、（勝った）家康が、（負けた）秀吉の家来になったことを確認することとなった――たとえ眉ツバものでもワクワクする話ではありませんか。

喜んだ秀吉は、高虎を呼んで、家康が大坂で滞在する家をつくれと命じます。藤堂高虎のＣＩ（コーポレーティド・アイデンティティ）、築城術は誰もが認める才能でした。秀吉は高虎をその縄張り奉行として取り立てたのです。縄張りというのは、城の設計図を作成し、何に使う部屋かその大きさや配置を決めることを指します。

城の図面に関して、ひとつ興味のある話を、作家童門冬二氏の『二番手を生きる哲学』（青春出版社）の中に見ることができます。

「ある時、徳川二代将軍秀忠が、京都二条城の改築を思い立った。高虎にこの件を命じた。ところが高虎は、設計図を二枚つくった。多少、中身が違う。家臣がなぜ二枚？と聞いたとき、高虎は、このうち、どちらかを秀忠様に選んで頂くためだ。もし一通だけだと、それをそのまま上様が許されたら、二条城は高虎が決めた、ということになり、秀忠様のお立場がなくなるではないか」――まことに細かい気配りで、私の好きなエピソードの一つです。

家康に仕える決心

高虎は秀吉が病の床に伏せっている頃から、家康に接近しています。そして、秀吉が亡くなった後、すぐに弟の正高を人質として江戸に送るという行動にでました。これにより、高虎はいち早く秀吉の後継として家康支持の態度を明確にしたのです。

それに対して、秀吉に近い諸大名は一斉に裏切り者とののしりましたが、高虎は態度を変えませんでした。高虎は、次の時代を担う天下人は家康をおいてないと確信していたのです。

一六〇〇年（慶長五年）いよいよ関ヶ原の戦いが始まろうとしていました。家康は、会津の上杉景勝に謀反の動きがあるとして、征伐に乗り出しました。この時、上杉征伐軍には豊臣恩顧の黒田長政、福島正則にまじって藤堂高虎の姿もありました。そして、会津へ向かう途中の小山（栃木県）にいるとき、西軍の石田三成が家康を討つため挙兵したとの報が入ります。このとき家康は同道している豊臣方の大名に対して自分に対する忠誠心を試しています。

「三成が挙兵したとの報が入った。家康につくか三成につくかは自由に決めて結構」

家康の家臣本多忠勝がそう言って、席を立ちました。それに対して、三成嫌いの福島正則がすぐに家康方につくことを表明しました。あとは黒田長政、山内一豊らと一緒に藤堂高虎も東軍に加わることを宣言します。

これを聞いた家康は、上杉討伐を実行せずに、馬首を西に向けます。いったんは江戸城に入り、やがて、関ヶ原へと向かいます。そして、この歴史的な戦いはわずか一日で終わりました。

西軍の実質的な大将の石田三成が捕らえられ、大坂に連れられてきました。処刑場で黒田官兵衛の息子長政は武士のたしなみとして、「御苦労さまでござった」と自分が着ていた陣羽織を三成にかけたという逸話が残っています。

高虎もまた、その場所にいました。高虎も長政同様、三成を慰労した後に、質問しています。

「関ヶ原の戦いでの私の鉄砲隊の働きは、敵将からみていかがであったか」

実直な三成は、真剣に考えて、率直に答えました。

「少し乱れていたようでござる」

「それは何ゆえかと思われるか」

高虎が重ねて聞きます。

「指揮官に自信がないせいかと思われる。お替えになるのがよかろう」

高虎も思い当たることがあったのか、

「やはりそうでしたか。ありがとうございます」

と答えたといいます。三成に対して、高虎や長政は彼を罪人扱いしませんでした。もののふ（武士）としての礼節を守って、誠心誠意接しました（『二番手を生きる哲学』より）。

そうして長政や高虎に、実直に、きちんと応えたのもまた三成ならではのことでした。

徹底した危機管理

戦いが終わっても、高虎は自分の置かれた状況が決して安泰ではないことに気づいていました。関ヶ原で寝返ったことにより東軍勝利に貢献した小早川秀秋はその後、病気で死ぬのですが、しかし、二年後にお家廃絶となっています。そんな話を耳にすると、浅井から始まって、秀長、秀吉、そして家康と、次々に主君を変えてきたことが、高虎にとってはやはり、気がかりではありました。生粋の徳川家臣ではない——このことが、やはり、彼の心に影を落としていました。だから高虎は家康の歓心を買うために、とにかく尽くしました。そのひとつが嫡男人質作戦でした。高虎は上杉討伐の前に、嫡男の高吉を人質として江戸に送ることを諸侯の前で家康に伝えています。高虎の妻はこのとき石田三成の東軍参加武将の妻子人質作戦により、大坂で捕らわれ命の危険にさらされていたのですが、そんな状況で、なお、いまわが子を差し出したということで、家康の心を動かします。もうひとつが彼の得意中の得意、築城技術のフル回転です。高虎は家康の歓心を買おうと献身的に城をつくっています。

一六〇六年（慶長一一年）江戸城の縄張りに始まり、一六〇九年（慶長一四年）には丹波篠山《ささやま》城縄張り、一六一〇年（慶長一五年）には丹波亀山城、一六一四年（慶長一九年）江戸城修築、一六一九年（元和五年）二条城縄張り、一六二〇年（元和六年）大坂城修築という具合で、ものすごい勢いで城を築きました。この他にも、瀬戸内海の甘崎城、今治城なども彼の手によるものでした。江戸城以外は、すべて大坂冬の陣にむけた豊臣方を包囲するための城であり、徳川の命運を左右する城を次々と造営していったのです。彼が生涯に築いた城の数は二〇といわれます。どれも攻めにくく、落ちにくい城でした。

そして、一六一五年（慶長二〇年）大坂夏の陣では、高虎軍は二手にわかれた片方の先鋒も務めています。

笠谷和比古氏の『関ヶ原合戦と大坂の陣』（吉川弘文館）によると、大坂城に向け進軍した高虎軍は、河内八尾付近で長宗我部盛親《もりちか》の軍勢を発見しました。家康本陣への奇襲を目論むために、待機していたのです。盛親との戦いで、高虎勢は敵首を八〇〇近く挙げて大打撃を与えたが、高虎も部将六人を含め三〇〇人もの家臣を失っています。しかしこれがきっかけとなり、家康方は勝利します。

戦いの後、家康は褒美を取らせようとします。しかし自分の働きはたいしたことはなかったと高虎は固辞しました。得意絶頂のときこそ控えめにすることが、諸侯の心証もよくし、外様としての自分の立場も磐石にすることを危機管理として徹底したのです。自己顕示欲を捨て、謙虚に徹することが、巡り巡って結果的に自分の立場を高めることになる。これも「ナンバー2」として輝いた人物に共通する態度です。

その考え通りになりました。家康はその後諸侯に向かっていったといいます。

「国に大事が起こったときは、一番手は藤堂高虎とせよ」

これほどの信頼を勝ち取っていたのです。高虎は加増され、伊勢・伊賀三二万石を拝領します。こうして、転職を重ねた末に初任給の四〇〇〇倍の給料を手にしたのです。

高虎の二〇〇か条

高虎は家康の死後、上野にある江戸の住居で人生を振り返り、家の安寧のために二〇〇か条の家訓を残しました。この全文が現存しています。

侍としての心得はもちろんのこと、生活に関わるこまごましたこと、部下を使う際の心得、他人との付き合い方に至るまで、本当に細かく指摘しています。

特に、その転職人生を象徴するような、良い主人、悪い主人について書いてある項は興味深く読みことができます。小松哲史氏が『〈人使い〉の極意』（新潮新書）で書かれているのを参考に紹介しましょう。

第四〇条は、まさに高虎の生き方そのままを表わしています。

「数年、昼夜一生懸命働いても、その功績に気づかない主人ならば、譜代といっても暇を取るべきだ。うつらうつらして時間ばかりたって、意味がない。しかし、情け深くしっかりと判断できる主人ならば、肩にすそを結んでも留まるべきだ」

また第二二条には、だめな主人についての記述があります。

「人を見る目のない主人は禍《わざわい》が多いもの。一生懸命奉公する人に気づかず、お気に入りのものに厚く給料を支払い厚遇するので、本当に良く働く奉公人は気持ちはいやになり転職するのである。これは主人が悪いからだ。当座の気に入っているものはたいしたことがない奴である」

人の評価を自分の好き嫌いでやってしまう主人なら、一生懸命働いても仕方がない、悪いのは主人だから転職すべきだと、成果を正当に評価してくれる主君に出会うまで転職を重ねた高虎だからこその家訓です。

第一四条では、人を使う主人の資質について言及しています。

「家臣に能力のあるもの、ないものはいない。それぞれ得意とするところをしっかり見て使えば、役に立たない人はいない。できないことを命令して失敗すると腹を立てるのは、結局主人に人を見る目がないからだ」

そして第二八条に、家臣としてこれと決めた主人に対する奉公の心得を書きました。

「主人の前に出るときには、そのときに応じた挨拶をすることが肝心である。主人の機嫌が悪そうなときには、もしや自分に落ち度があったのではないかと反省し慎むことが大切である。しかし、その原因が他人にある場合もあるので、自分が原因だと思い不安な表情をするのは良くない。また主人が機嫌よく大盤振る舞いをしているときは、かえって身を慎むことが大切だ。良いことの次には悪いことがあることを心得て物言いや行動を行なえば主人の気分を損なわずにすむ」

まさに、これを実行したのが、大坂夏の陣の後の褒賞辞退なのでしょう。

そして奉公に当たってさらにこう書き残しています。

「主人から呼び出しがあったときには、朝夕の食事どきでも箸をおいてすぐに出勤すべきだ。どんな急ぎの用かもしれず、食べ終わってから出かけるなど忠節がないことと同じである」

この第五六条を守った高虎は、戦場はもちろんのこと、江戸の太平が始まってからも家康、秀忠、家光の三代の将軍に仕え、呼び出しがあればすぐに江戸城に行ったためほとんど伊賀上野の城に戻ることはありませんでした。この、高虎遺訓二〇〇か条は、いまも、三重県伊賀市立上野図書館に保管されていると聞きますが、このもとになったのが、戦国大名のはしりと言われる北条早雲の遺した『早雲寺殿二一か条』です。

「上下万民に対し、一言半句にても虚言を言うな」とか「その日、初めて目をあわせた時は、必ず挨拶せよ」とか、今でも毎朝、声に出して言わねばならぬような、素晴らしい「家訓」です。妹の嫁ぎ先の今川家の内紛調停に、妹に請われて伊豆入りをして、内紛をおさめた早雲は、やがて相模の国の主となります。早雲の遺したこの家訓は、以後、五代、一〇〇年続く北条王国の共通理念となるのですが、その影響を受けたのは、北条家の人たちだけではありませんでした。家康をはじめ、多くの大名たちが『早雲寺殿二一か条』を参考にして家訓を作りました。この高虎もまた、であります。

最後まで侍を通した生涯

自分の力を買ってくれる主君に巡り会うまで転職を繰り返した高虎は、風見鶏と称されることもあります。戦国の時代に主君を変え、最終的に徳川家康につき安泰な場所を確保したという軌跡だけを見ると、そうした評価をされても仕方がない面はあります。

しかし、それを実行するには能力と覚悟が必要です。

藤堂高虎の二〇〇か条の第一条は、侍たるものの心構えから始まっています。

「寝室をでるときから、今日は死ぬ番であると心に決めなさい。その覚悟があればものに動じることはない。本来侍とはこうあるべきだ」

この言葉を家訓の最初に持ってきている高虎は、侍の心得を全うするために最善の主君を見つける努力をする一生でした。

一六三〇年（寛永七年）一〇月五日、高虎はこの世を去ります。享年七五。享年と言えば、かつて堺屋太一さんから、武将たちの享年を現代の年齢に換算する公式を教わったことがあります。本番前の打合室でのこと。

それは「享年×1・2＋2」というものです。堺屋さんは通産省（現経済産業省）ご出身で数字に明るく、後年は経済企画庁長官にもなられた方ですが、私は全くの数字音痴。それぞれの数字が何を意味し、なぜ掛けるで、なぜ足すなのかはわかりません。ただ、この公式だけはしっかり覚えました。

この公式でいけば、高虎の七五は今の年齢で九二歳に相当。信長は四九ですから六〇・八歳相当。秀吉は生年不詳ですが一五三六年説を採ると、享年六三で七七・六歳相当。家康は七五ですから、高虎と同じ九二歳。相当長寿です。戦国大名のはしりといわれる北条早雲に至っては、享年八八といわれますから、この公式にあてはめて現代の年齢に換算すると、なんと一〇七・六歳となります。どのくらいの時代の人にまでこの公式があてはまるのかは、ちょっと聞き漏らしました。

さて、藤堂高虎に話を戻します。

常に勝ち戦に身を置く——これも、大変重要な才能のひとつです。高虎が勝ち戦を選ぶ目は、一〇人もの主君遍歴の間に摑み取った彼独特の勘によるもの。もちろん、勘だけではなく、周到な取材を基にした総合判断があるのでしょうが。

いずれにしても、こうして彼の波乱万丈の人生を辿ってみる時、今の世界を生き抜く術《すべ》を、実に具体的に知る喜びがあります。

伝記によると、その体は槍や鉄砲の痕が無数に残り、全身傷だらけであったと書かれています。戦場でも懸命に働いた壮絶な一生であったことが分かります。その功を讃え、家康に仕えた多くの家臣の中で唯一、京都の南禅寺に家康とともにその木像が残されています。

転職を重ね八〇石が四〇〇〇倍になった高虎ですが、現代外資系の転職者のようにアーリーリタイアメントをして、悠々自適の老後を過ごすことはありませんでした。

徳川幕府になり世の中が安定しても、外様大名の中には断絶したり、改易された家も多くありました。しかし、高虎の教えを守った藤堂家は、江戸二六〇年間、改易・転封を受けることなく今も存続しています。

第七章

文武両道でこそ光る　細川幽斎に学ぶ「一芸力」

次々と主君が変わる運命

たとえ会社が倒産しても、すぐ再就職先が決まればそれに越したことはありません。しかしせっかく再就職しても、再びトップの失策により社業が傾くということはままあります。三顧の礼で迎えられても会社によって社風もトップの気質も違うので、うまく対応しなければ辞めざるを得なくなることもよく聞きます。

戦国の時代にあって、次々と主君を変えざるを得ない状況になりながら、生き抜いて家を存続させたのが細川藤孝、のちの幽斎です。形骸化していたとはいえ室町幕府の一三代と一五代将軍に「ナンバー2」として仕え、その後、織田信長、豊臣秀吉と続き、なんと徳川家康にまでも仕えました。家康のもとでは熊本細川藩の祖となり、この家は時代がくだり総理大臣を輩出したことは、皆さまよくご存知の事実です。

細川幽斎が変遷する環境に適応していくことができたのは、しなやかな感性と武芸百般にも通じた教養のゆえです。幽斎は、和歌を詠み、連歌や当意即妙の狂歌が得意な上に、当時歌学の正統派といわれる二条流の『古今和歌集』の免許皆伝であり、書道や茶道、舞踊、太鼓に鼓といった芸術に造詣が深かっただけでなく、剣術や弓、馬といった武術についても達人の域だったといわれます。

＊

細川幽斎は、幼名を万吉といい、足利幕府一二代将軍義晴の側近であった三淵晴員《みつぶちはるかず》と、儒学者の清原宣賢《のぶかた》の娘の間に生まれたことになっています。しかし、実父は一二代将軍義晴だったともいわれており、将軍の御落胤であったようです。そのこと自体、当時は名誉とされており、秘密というわけでもなかったようです。

細川家一七代当主細川護貞氏の『細川幽斎』（中公文庫）に書かれているように、母の実家が儒学だけでなく、国文学や神道学にも造詣が深かったようで、幽斎も幼いころから清原家で学び、文学の才能を伸ばしていきました。文武両道に通じていたのは、こうした事情があったようです。

この万吉は六歳になると、叔父の細川元常の養子となっています。元常は長岡の青龍寺城の主でしたが、将軍御供衆として仕えていたので日ごろは京都の屋敷に住まっていました。万吉はここで過ごすことになったのです。

一五四六年（天文一五年）のこと、将軍義晴は朝廷に願い出て突然将軍職を辞し、一一歳の嫡男菊幢丸《きくどう》を元服させて義藤（のちの義輝）を一三代将軍に据えます。これに伴い万吉も元服をすることになり、義藤の一字を与えられ与一郎藤孝となり、義藤の申次《もうしつぎ》として足利将軍家に仕えることになりました。このとき藤孝、一三歳。申次というのは、来客の取次をする仕事でした。こうして、最初の主君に仕えることになりました。しかも将軍に直々に仕えるということから「ナンバー2」の生活が始まったのです。

二人の将軍に仕える

ところが将軍家とはいうものの、権力の基盤となる直轄地をそれぞれの地方の実力者に抑えられており、収入がほとんどない状況となっています。収入がないので家臣を養うことができず、軍隊も組織できず実権がないという状態になっていたのです。あるのは、将軍の権威だけでした。

当時は実質的な権力を持つ管領職をめぐり、細川晴元と細川氏綱の争いが激しくなっていました。その上、三好家が京都進出を狙ってじわじわと侵食しつつあり、将軍家は安泰とはいえない状況が続いていました。そのため、将軍が京都と近江の間を頻繁に行き来せざるを得ず、それに藤孝も付き合っていたのです。この辺の事情は前出の『細川幽斎』（中公文庫）に詳しいのですが、それによりますと、義晴は京都の東山に中尾城を建てていた一五五〇年（天文一九年）、城の完成を待たずに病に倒れ、四〇歳の生涯を終えますが、残された義藤は父義晴の四九日の法要を終えて、管領家の細川晴元とともに中尾城に入ります。しかし、三好軍の猛攻撃を受けて再び近江に逃げ戻ることになりました。いかに将軍家の基盤が揺らいでいたかがわかります。

京都に戻ることができたのは、一五五二年（天文二一年）のこと。細川氏綱を細川家の家督にする条件で三好長慶と和睦し、その後氏綱を管領に、補佐役を三好長慶とする体制が確立しました。

しかし、平安は長くは続きませんでした。

細川晴元が三好長慶を排除しようとしたため、再び義藤は近江に退かざるを得なくなりました。衰退の運気をなんとか回復しようと義輝に改名をしますが、その後も一向に好転せず、失意であることには変わりありませんでした。同じころ、藤孝は、養父の細川元常が亡くなり、和泉細川家の家督を継ぐことになりました。

将軍義輝は権威の復活を目指して、諸侯の大名の仲裁を買ってでています。その際、将軍の右腕となり活躍したのが藤孝でした。

一五六五年（永禄八年）、三好長慶が病死します。義輝はこの機会に幕府権力を高めようと動き始めますが、これをよく思わない松永久秀や三好三人衆（三好長逸《ながゆき》、三好政《まさ》康《やす》、岩成友通《いわなりともみち》）に暗殺されてしまいます。暗殺により、藤孝は一三歳の時から二〇年近く仕えていた最初の主君を失ったのですが、悲しんでばかりもいられない事情がありました。次の将軍を擁立しなければ、幕府は消滅してしまいます。そして決めたのが義輝の弟で、幼児のころに奈良の興福寺に預けられ僧となっている覚慶でした。何しろ幼児の時から寺に預けられていたのですから、藤孝は、この覚慶がどういう人物か、はっきり分かりませんでした。しかし、「家を継承する者」として、覚慶を奈良から京都へどうしても連れてこなくてはならなくなったのです。この覚慶がのちの足利義昭です。

幕府再興に向けた信長の働き

足利将軍家の実権はほとんど失われていましたが、権威はまだ残っています。それを利用して諸国の大名と結託し、援助を受けてなんとか体面を保っていました。やむを得ない事情から将軍に擁立した覚慶でしたが、藤孝は次の将軍擁立に向けて援助を頼む手紙を諸大名に送っています。

このとき朝倉氏に仕えていた明智光秀を通じて、尾張の織田信長にも援助を頼んでいますが、このときは出会うことはありませんでした。

一五六六年（永禄九年）当時の覚慶は亡命政権のようなものでした。将軍になるために還俗して、義秋と名乗り、朝廷に対して報告とともに太刀などを献上しています。このとき義秋三〇歳、藤孝三三歳でした。朝廷は義秋を従五位下に叙しましたが、これで将軍に復帰できたわけではありませんでした。ところで、「秋」の字は良くないと、しばらくして義昭に改名しています。

義昭をめぐる態勢が整ってきたので、藤孝は再び信長に上洛へむけての援助を願う手紙を送っています。このときの信長は、斎藤氏を追放して美濃を領地としていることから、上洛に障害はなくなっていました。しかも信長にとっても、義昭を奉じて上洛するという大義名分は必要だったのです。義昭を奉じる信長は、ほとんど抵抗を受けることなく京都に入ることができました。さらに信長は摂津に進出しますが、この騒乱の間に、義昭のライバルである三好三人衆が奉じていた一四代将軍の義栄《よしひで》が病死します。やがて摂津を平定した義昭と信長は、一〇月一四日に京都にもどり、一八日には義昭は征夷大将軍に任じられます。奈良の興福寺の脱出からずっと付き添ってきた藤孝は、ついに室町幕府再興を成し遂げたのです。

喜びもつかの間、義昭と信長の間に確執が見え隠れし始めます。お互い、目指す目標が違っていたからです。義昭はあくまでも室町幕府の復活を、信長は、表面上はそれをよそおっても本心は自分の手による天下統一を狙っていました。

義昭は幼少から誰かにかしずかれての生活が続いていたため、自分こそトップの座にいるのがふさわしく、信長といえども自分にひれ伏すのが当然だと考えます。ですから信長には、義昭の言動や行動がだんだん目に余るようになってきます。藤孝は二人のぎくしゃくした関係を見抜いて、それをどうほぐすか、心を砕いていました。しかし藤孝にとっては、亡くなった義輝は子供のころからずっと尽くした主君でしたが、義昭は将軍家を消滅させないために擁立しただけで、義昭が信長と共に入洛するまで義昭と一緒に全国を放浪し、彼のわがままぶりも体験していただけにそれほどの忠誠心を持っていなかったのではないかと思います。

主君を選ぶ覚悟

信長は京都の中心部に堅固な二条城を建てて、義昭を住まわせています。表面的には平穏でしたが、藤孝は義昭と信長の間を何度も往復しています。それだけ二人の間が、抜き差しならない状況になっていたのです。

ついに一五七〇年（永禄一三年）一月二三日の日付で、信長から朝山日乗上人と明智光秀にあてた形式をとり、信長の要求する条件を将軍に伝える有名な条書が出されます。谷口克広氏の『織田信長合戦全録』（中公新書）によると、義昭が袖判（文書の右端に押す印）を押して承認する形をとっているようです。

全五条の要求は義昭にとってはかなり厳しいものでした。

第一は、将軍が諸国に出す書面には必ず信長の添え状をつけること。

第二は、将軍がこれまで下知した裁許は破棄し、再考の上で決定する。

第三は、将軍が恩賞として与える土地がない場合は、信長が分国地を与えてもよい。

第四は、すでに天下の政務を信長に委任した以上、将軍の意見をきく必要はない。

第五は、将軍は朝廷のことは油断なくつとめること。

義昭の現在の地位が信長によってもたらされたものだという意識が欠如していることに対する、信長の宣言ともいえるものでした。これによって将軍としての行動を規制することを狙ったのです。

その後の関係も悪化の一途をたどります。二年後の一五七二年（元亀三年）にはもっと細かく列記した「異見十七条」が信長から義昭宛に送られています。

義昭は義昭で、同じ年に武田信玄に上洛するよう親書を送っています。それには信長と手を切り、ともに討とうと書かれてありました。これを知った藤孝は怒りを露わにして、出仕しなくなります。すでにもう心は将軍にありませんでした。

一五七三年（元亀四年）、義昭と藤孝との亀裂が決定的になります。

二月二三日、信玄の上洛が近いとみた義昭は、朝倉義景、浅井長政に決起を促す内密の手紙を送っています。また勝手に砦を築き、信長の上洛を食い止めようとさえしました。

　これに対して信長はひとまず下手にでて、人質による和議を提案しましたが、義昭はあくまでも強気で受け入れません。ついに信長は、柴田勝家と明智光秀に攻撃を命じ、危険を感じた義昭は、なんと兄の義晴を暗殺した三好義継、松永久秀と同盟をむすびました。藤孝はこの話を伝え聞き、将軍と決別する決心をしたのです。

新しい主君を安心させる報告

　藤孝は岐阜の義昭の挙兵を知らせる書面をはじめ、京都の情勢を詳しく書いた手紙を信長に数多く送っています。藤孝の手紙は残っていませんが、信長からの返書は現存しています。財団法人永青文庫が熊本大学附属図書館に寄贈した幽斎が保管していた大量の書簡を見ても、いかに頻繁にやりとりがあったかがわかります。

　藤孝から京都の情報を得た信長は、義昭追放のため岐阜を出発して京都に入りました。藤孝は、わざわざ途中まで信長を迎えに出ます。こうして、藤孝は義昭派から完璧に信長派となりました。

この後、藤孝は石山本願寺攻めや越前一向一揆攻めなど、戦に参加するとその都度、戦況をすぐ信長に報告しています。

ここがトップに仕える者として学ぶべきことですが、藤孝は、戦況のみならず地域の情報などもまめに報告しています。毎日といっても過言ではないほど書簡を送り、それに対して信長からの返書もこまめに届いています。謀略や寝返りが日常茶飯事の戦国時代にあっては、常に連絡をとり報告をしているということが信頼感を強めることになり、また逆意のないことを伝える上でも欠かせないことを実感していたのでしょう。

手紙のやり取りについてはよほど活発に行なわれたらしく、細川家には信長からの親書が大量に残されています。藤孝がとっておいたもので、書面で残すことの必要性をしっかりわかっていたのです。藤孝は新しい主君に対してはまめに連絡を行ない、戦いが終わったら直接会って報告をすることでコミュニケーションを密にしていたのです。会社でも上司への「ホウ・レン・ソウ（報告・連絡・相談）」を密にすることが信用を得る秘訣とよくいわれますが、まさにそれです。

明智光秀との決別

信長は本願寺門徒を大量に虐殺したり、敵の大将のどくろで酒を飲んだりという残虐性が見えることもありますが、文化人藤孝はそれに対しては、あえて見て見ぬふりをしていたようです。それはそれとして、天下人としての器を評価していたのでしょう。

この辺も、のちの光秀との決別とあわせて、藤孝の人物評価の分かれるところでしょう。彼は戦国の世にあって「特異な」文化人であり「武将」でした。

さて、信長の天下統一は目前というときに起こったのが、例の「本能寺の変」。信長を討った光秀は、藤孝が不遇だった亡命時代に出会った信頼できる上司であり、しかも嫡男忠興の妻は光秀の娘玉です。仲人は信長でしたが、何といっても光秀は親戚です。縁から考えても舅である光秀に加担する選択肢は、大いにありました。光秀は当然、藤孝を「自分の味方」とカウントしています。

しかし、藤孝は信長の側に立つことを決めるのです。光秀を切り捨てました。その意思を形で表わすために、藤孝はいきなり髪をおろします。

前後して信長の三男信孝に使者を送り、誓って二心がないことを伝えました。息子の忠興も妻の玉を離縁して、丹後の三戸野に侍女と牢人二人だけをつけて幽閉しました。

ほどなく光秀から加勢を願う信書をもった使者が訪れたのですが、すぐに追い返してしまいます。友達や親戚という情のつながりではなく、自分の立場と将来を判断できる「冷静さ」を持っていたということでしょうか。人々の評価はともかく……。

さて、信長の後を狙う争いで、一歩リードしたのが秀吉でした。光秀を山崎で討ちとった後に藤孝に起請文を送ってきています。あの状況で藤孝が息子の舅の光秀に加担しなかったことは、秀吉側に味方して共同歩調はとらなくても、秀吉にしてみればこれは明らかに千倍力でした。

文面には、幽斎親子が直ちに光秀を絶縁し光秀に加担しなかったことについて、秀吉はその義心に深く感じ入り、たいそう喜んだことが書かれていました。感謝の意を直に示した上に、秀吉は同じ日付で藤孝・忠興に対して今の領地である丹後をそのまま治めることを認める朱印状を送っています。相手を味方につけるに際し、感謝だけではなくポジションを担保することで安心をさせる、まさに人心のつかみ方がうまい秀吉らしいやり方です。

しかし藤孝はここで安心はしませんでした。ポスト信長をめぐって仮に秀吉と柴田勝家が決選投票になった場合、再び光秀との縁故を追及されないとも限りません。そこで、光秀との関係はもうないことを示すためにさらに努力を始めます。それはとりもなおさず、自分の安全にもつながります。

まず藤孝は本能寺の焼け跡に仮の屋を設置してすべて自費で、信長追善の百韻の連歌会を開催します。その連歌会には、公家、武士、僧侶など区別なく参加が許され、その費用全額を幽斎が負担したと、前出の『細川幽斎』（中公文庫）にあります。一五八二年（天正一〇年）七月二〇日のことでした。髪を落とした後は、幽斎玄旨と名乗っています。

室町時代には多くの人数で長・短句を交互に繰り返して長く連ねる長連歌が流行していました。こうした信長追善連歌会を開くことで幽斎は織田家の正統を尊重するという態度を内外に示しながら、その一方で、秀吉に対しては忠興を前面に出すことで次の天下人に対して保険をかけてもいるのです。そして、髪をおろして忠興に家督と宮津城を譲り田辺城に隠居しました。

隠居しても、事前に保険をかけていたお陰で、幽斎は天下人になった秀吉から「相伴衆」に任命されます。相伴衆というのは話し相手のこと。作家の童門冬二氏は、それは単なる話し相手というより、秀吉が自分の思うことを話して「どう思うか」と聞いて意見をつのる、といった形ではなかったか、とおっしゃいます。でも、みんなが、きちんとした自分の意見を必ず言うとは限らず、それは幽斎も同じで、まぁ「高等幇間《ほうかん》」です、ともおっしゃいました。相伴衆の仕事として、氏は次の例を挙げられています。

面白い話なので拝借すると、ある時、秀吉が「小さいものを題にして歌を詠んでみろ」と命じた。相伴衆から色々の歌が出たのですが、出色の出来だったのはやはり幽斎のものだった。

「蚊のこぼす　涙に浮かぶ浮島の　浜の真砂を千々に砕きて」――相伴衆の仕事は、まぁ、他にも重要なことがあったのでしょうが、概略、このようなもの、と考えてもいいようです、とのこと。

命を救った一芸

細川幽斎の名前が後世に伝わっている理由は、古今伝授の正当な継承者で、近世歌学の祖とされていることが大きいでしょう。

古今伝授というのは『古今和歌集』の解釈を中心に、歌学や関連分野に関する様々の学説を、口伝や切紙などによって、師匠から選ばれた弟子へ伝授する秘説継承する形で伝授されるものです。『古今集』は後醍醐天皇が九〇五年に紀貫之などを撰者に任命し、勅撰した日本最初の勅撰和歌集です。平安朝文学の典型として、歌人に尊重され、歌を詠むための手本となっていましたが、室町時代になると歌の本分の解釈について諸説でてきて勝手な解釈をするようになっています。そこで、代々継承者が論拠に基づいた解釈をするために古今伝授が行なわれるようになったのです。

前出の細川護貞氏の『細川幽斎』によると、藤孝は三条西実枝《さんじょうにしさねえだ》を招いて、古今伝授を受けたとあります。

古今伝授は室町時代の歌人の東常縁が『古今集』の秘奥を極めたものが、弟子の宗祇を経て三条西実枝に伝わり藤孝へと伝授されています。この流れは二条派といわれています。宗祇から肖柏を経て林宗二に伝わったものは奈良伝授といわれ流派がわかれています。

三条西実枝により『古今集』全体の講義は一五七二年（元亀三年）一二月に始まっており、中断を経て足かけ三年で全三〇回の講義を終了しました。

特に解釈の難しい箇所については、切紙で伝授されています。切紙というのは、「三木三鳥」などの秘説を特別に記した免許目録を伝授するものです。「三木」は、「おがたまの木」「めどに削り花」「かはなぐさ」を指し、「三鳥」は「よぶこどり」「ももちどり」「いなおほせどり」を指すといわれます。

伝授証明書は、講義が終了し人物や見識などを総合的に判断して出されることになり、藤孝が証書を受け取ったのは、一五七六年（天正四年）のことでした。

「古今集の事

右、吾道の好士藤孝　長岡兵部大輔

麟角の志に感ずるに依つて牛尾之才を愧ぢず面受口決等、秘説を貽さず之を授けをはんぬ。抑　当流正嫡の説、東素選伝授の時、為家卿奥書に云はく、門弟の中第一の由載せらるる。天下の眉目何事か之に如かん。今藤孝の伝ふる所　亦是の如き者乎。一句一言たりと雖も、堅く漏脱を禁じ、深く法度を守り　之を忽にす可らざる。
二条家一流末弟
亜槐判
天正四丙子小春庚午日
長岡兵部大輔殿」（『細川幽斎』中公文庫より）

この古今伝授の証明があったために、藤孝（幽斎）は後年、命を救われることになります。

一六〇〇年（慶長五年）の関ヶ原の戦いでは今度は徳川方についた幽斎は、すでに六〇歳でした。合戦の前に居城の丹後田辺城を石田三成の軍に包囲され、二か月以上の籠城が続いていました。城の兵は、幽斎五〇〇で対する三成は一万五〇〇〇。絶体絶命の危機です。

しかし、それを知った後陽成天皇は、古今伝授が断絶してしまうことを恐れ勅命により、城の包囲を解かせます。幽斎はこうして救出されました。余談ですが、熊本市の水前寺公園には、「古今伝授の間」と呼ばれる建物が残っています。幽斎が八条宮智仁親王に古今和歌集の奥義を伝授した建物で、もともと京都御所内にあったものを、当時の木材を使って、大正元年に移築・復元したものです。

一芸に秀で、風流を極めた同時代人に千利休がいます。彼は茶道により秀吉に取り立てられ栄華を極めますが、しかしそれにこだわり芸に恃《たの》みすぎたために自死に追い込まれました。幽斎は古今伝授によって命を救われましたが、それだけを頼りにせず、政治的目配りも怠らなかったのです。

熊本細川家の誕生

田辺城開城から二日後、関ヶ原の合戦が行なわれ、わずか一日で東軍の勝利で終わります。三日後の九月一八日、家康は息子の忠興に父幽斎を迎えに行くように申しつけています。幽斎の籠城に対する功績を家康は認めていたのです。

関ヶ原の戦功により忠興は豊前国と豊後のうち二郡三九万石を拝領しました。それからの幽斎は引退し、風雅を極める生活を送っています。

そして、一六一〇年（慶長一五年）八月、幽斎は京都三条車屋の屋敷でその生涯を終えます。享年七七。

時代の変化の中で、図らずも五人の主君に仕えることになったナンバー2は、時代の風を感じ一番ふさわしい主君を選びながら人生を全うします。戦乱に身を投じながら、しかも一芸を極めていくバランス感覚があったからこそ、到達できた真の意味でも風流な生き方でした。

また、息子の忠興は、豊臣、徳川と二人の天下人に仕えます。光秀の娘、玉（ガラシャ）と結婚する時の仲人が織田信長だったことを考えると、戦国の雄三人と深く関わった武人でした。この間、数多くの戦いで戦功をあげ、武将としても名をなしていますが、同時に父幽斎と同じく優れた教養人でもあり、また茶人として利休七哲の一人に数えられています。

一六三二年（寛永九年）忠興の嫡男忠利が肥後熊本藩五四万石の領主として熊本城に移封された際、忠興は熊本の南の八代城に入り隠居をしています。忠興の嫡男忠利（幽斎の孫）は、熊本の地に両親の墓を建てます。細川忠興と細川ガラシャ。数奇な運命を辿ったこの夫婦は、いま、同じ細川家の墓所で仲良く並んで眠っています。

そして熊本細川家は、幽斎を開祖としてその後も家を守り現在に至っているのです。

あとがき

『その時歴史が動いた』を担当して九年間にたくさんの事例に接してきた私はかねがね、リーダーに備わっていなければならない要素として、①決断力、②実行力、③想像力（先見力）、④直感力、⑤知力（教養力）、⑥情報力、⑦統率力、⑧運、⑨体力、⑩明るさ、⑪使命感（信念）、⑫忍耐力（待てる力）、⑬敏しょう性、⑭言語力（喋る力）、といった、特にあらためての説明が不要な要素と、⑮交友力、⑯風度、⑰ＣＩ、⑱継承力、の一八項目を挙げてきました。順番は特に意味はありません。ただ「情」の要素はあえて入れていません。「情」のために滅びた例が沢山あるからです。「情」に関して入れるなら、むしろ「非情さ」かもしれません。

さて、⑮の交友力は、いい友人を選ぶことのできる能力。⑯の風度、これは私の言葉ではありません。童門冬二さんがおっしゃったことばで、「あの人なら……」と思わせる「らしさ」といった意味です。⑰のＣＩは、コーポレーティド・アイデンティティ。つまり藤堂高虎の章でみてきた彼の築城術や、細川幽斎の章でみてきた〝歌道をはじめとする教養〟です。つまり、他の人では提供できないその人だけが持つ、他の人との差異のこと。そして⑱の継承力です。これに注目する人は、余り多くないのが実情です。経営コンサルタントの北見昌朗さんがその著書の中で、この「継承力」の重要性を、論理的に整理しています。一代で何かをなすことは大変素晴らしいことですが、それをそのまま次世代に次々と伝えていくことも、その人の極めて重要な能力です。「個人の命と家の命は同じ価値」「個人の名もさることながら、家名もまた大切」――こういった時代背景の中で、家を潰さずに長く継承させていく経営能力、継承能力は、誰もが持っているものではありません。その意味で「情」に流されることなく、冷静に情勢を見極めた上で、おのれの出所進退を決めることは、その対立軸にある「武士は二君にまみえず」という武士道に殉ずるいさぎよい生き方と同様、貴いものだとも思います。

前にも言いましたが、これは生き方の問題です。「善悪」ではなく「好悪」の問題です。そして、この18項目は、洋の東西、歴史の遠近に関係なく、戦国の世でも現代でも、凡《およ》そその人に関わる社会の歴史を動かす人に共通していえることです。

つまり、これは、今日《こんにち》のあなた自身の問題でもあるのです。

＊

さて、ここでご紹介したエピソードは、事実として歴史に記されているものもあれば、風聞や伝説の類もあります。伝説はフィクションかもしれません。しかし、後世まで伝わっているということは、事実があったかどうかが問題なのではなく、その人となりを伝えるにふさわしいから残ったのだと思うのです。

作家の井沢元彦氏はおっしゃっています。「記録に残っていないから歴史になかったとは言えない」と。記録に残っていなくても、事実として存在したものは数多くあることでしょう。反対に、事実としてなかったかもしれないのですが、その人物を語る上で欠かせないものとして、伝説や風聞として伝わっているものもあるのではないでしょうか。それを事実ではないからという理由で、すべて排除してしまったら、その人物を正確に魅力的に把握することはできなくなってしまうでしょう。

リーダーはパワフルでしかも気まぐれです。

そのリーダーを支え、組織の目指すべき方向を誤らないように舵取りをするのは、簡単なことではありません。ましてや戦国時代です。ひとつ間違えると、自分の命はおろか一族郎党が命を落とすという時代。そうした状況にあっても、卓抜した判断力とアイデア、行動力で支えるナンバー2の存在は、組織で働く多くの方にとって学ぶところも多く、また共感を覚える存在であろうと思います。

歴史は人によって作られます。歴史は人間ドラマなのです。人が生きた歴史をたどることで、今を生きるヒントや元気をもらえることを、多くの方が実感していらっしゃることでしょう。

私も九年にわたり歴史の番組を担当させていただき、取り上げた歴史上の人物からたくさんの知恵と勇気と考え方をもらいました。有難いことでした。その充実感をぜひ、皆さまにもという思いから本書を書き上げました。少しでもお役に立てば幸せです。

執筆にあたって、小和田哲男、笠谷和比古、北見昌朗、堺屋太一、童門冬二、花ヶ前盛明、火坂雅志、平川新（五十音順、敬称略）各氏のお話や著作を参考にさせて頂きました。またこのほかにも、後に掲載するたくさんの本を参考にさせていただきました。これらの方々に深甚の謝意を申し上げることは、私の最も快い義務だと考えます。有難うございました。

そしてこの本を手に取って下さった皆さん、
「今回はお読み頂き、ありがとうございました」

〈参考文献〉

『石田三成』（小和田哲男、ＰＨＰ研究所）
『石田三成』（童門冬二、学陽書房）
『石田三成』（徳永真一郎、ＰＨＰ研究所）
『石田三成と大谷吉継』（戦国歴史研究会、ＰＨＰ研究所）
『石田三成のすべて』（安藤英男、新人物往来社）
『上杉景勝と直江兼続』（戦国歴史研究会、ＰＨＰ研究所）
『江戸時代の設計者』（藤田達生、講談社）
『近江が生んだ知将 石田三成』（太田浩司、サンライズ出版）
『大阪城話』（渡辺武、東方出版）
『織田信長合戦全録』（谷口克広、中央公論新社）
『織田信長事典』（西ヶ谷恭弘、東京堂出版）
『黒田家譜』（貝原益軒編、歴史図書社）
『黒田如水』（三浦明彦、西日本新聞社）
『黒田如水伝』（金子堅太郎、文献出版）
『黒田如水のすべて』（安藤英男編、新人物往来社）
『謙信・景勝と直江兼続』（新野哲也、ベストセラーズ）
『現代視点 石田三成』（旺文社）

『高山公実録　藤堂高虎伝』（上野市古文献刊行会編、清文堂出版）
『図説 伊達政宗』（仙台市博物館編、渡辺信夫監修、河出書房新社）
『図説 徳川家康』（河出書房新社）
『関ヶ原合戦』（笠谷和比古、講談社）
『関ヶ原合戦』（二木謙一、中央公論新社）
『関ヶ原 家康と勝ち組の武将たち』（加来耕三、立風書房）
『関ヶ原合戦史料集』（藤井治左衛門編、新人物往来社）
『関ヶ原合戦と大坂の陣』（笠谷和比古、吉川弘文館）
『戦国・名将言行録 東山・北陸編』（藤公房、ダイヤモンド社）
『戦国の合戦』（小和田哲男、学習研究社）
『戦国百人一話 3巻』（奈良本辰也ほか、青人社）
『その時歴史が動いた』17巻、29巻（ＮＨＫ取材班編、ＫＴＣ中央出版）
『伊達政宗』（相川司、新紀元社）
『伊達政宗』（小林清治、吉川弘文館）
『伊達政宗と片倉小十郎』（戦国歴史研究会、ＰＨＰ研究所）
『豊臣秀吉読本』（新人物往来社）
『直江兼続』（今福匡、新人物往来社）
『直江兼続』（外川淳、アスキー・メディアワークス）
『直江兼続』（戦国歴史研究会、ＰＨＰ研究所）

『直江兼続のすべて』（花ヶ前盛明編、新人物往来社）
『二番手を生きる哲学』（童門冬二、青春出版社）
『信長公記』（榊山潤訳、ニュートンプレス）
『信長の天下布武への道』（谷口克広、吉川弘文館）
『播磨灘物語』（司馬遼太郎、講談社）
『ビジュアル戦国1000人』（世界文化社）
『秀吉の天下統一戦争』（小和田哲男、吉川弘文館）
『人使いの極意』（小松哲史、新潮社）
『別冊宝島　よみがえる戦国武将伝説』（宝島社）
『別冊歴史読本　黒田如水と一族』（新人物往来社）
『別冊歴史読本　図説 戦国の合戦』（新人物往来社）
『別冊歴史読本　戦況図録 関ヶ原大決戦』（新人物往来社）
『別冊歴史読本　戦況図録 大坂の陣』（新人物往来社）
『別冊歴史読本　独眼竜政宗』（新人物往来社）
『細川幽斎』（桑田忠親、講談社）
『細川幽斎』（細川護貞、中央公論新社）
『細川幽斎・忠興のすべて』（米原正義編、新人物往来社）
『細川幽斎伝』（平湯晃、河出書房新社）
『細川幽斎の経営学』（童門冬二、ＰＨＰ研究所）

参考文献

『本多忠勝』（戦国歴史研究会、ＰＨＰ研究所）
『名参謀 直江兼続』（小和田哲男、三笠書房）
『名将言行録』（北小路健・中沢恵子訳、ニュートンプレス）
『幽斎玄旨』（佐藤雅美、文藝春秋）
『歴史群像シリーズ 黒田如水』（学習研究社）
『歴史群像シリーズ 伊達政宗』（学習研究社）
『歴史群像シリーズ　徳川四天王』（学習研究社）
（タイトル五十音順）

企画協力／オフィスR&M

松平定知

まつだいら・さだとも

1944年生まれ。早稲田大学商学部卒業後、1969年NHK入局。高知放送局を経て、東京アナウンス室勤務。07年12月にNHKを退局。これまで『連想ゲーム』『モーニングワイド』『NHK19時ニュース』『その時歴史が動いた』など数々の看板番組を担当。『NHKスペシャル』は100本以上を数える。現在、早稲田大学大学院公共経営研究科、立教大学大学院21世紀社会デザイン研究科の客員教授も務める。

小学館101新書

038

歴史を「本当に」動かした戦国武将

二〇〇九年六月六日　初版第一刷発行

著者　松平定知

発行者　秋山修一郎

発行所　株式会社小学館

〒一〇一—八〇〇一　東京都千代田区一ツ橋二—三—一

電話　編集：〇三—三二三〇—五八〇〇

販売：〇三—五二八一—三五五五

装幀　おおうちおさむ

印刷・製本　中央精版印刷株式会社

Printed in Japan　ISBN 978-4-09-825038-7

造本には十分注意しておりますが、印刷、製本など製造上の不備がございましたら「制作局コールセンター」（フリーダイヤル 0120-336-340）にご連絡ください。

（電話受付は、土・日・祝日を除く9：30〜17：30）